未空 김광제의

新 풍수 답사기

지성문화사

머 리 글

세상은 참으로 빠르게 변하고 있다. 변하는 속도가 얼마나 빠른지 해와 달을 두고 변하는 게 아니라 촌각을 다투어 변하고 있다.

이렇게 세상이 급속도로 바뀌며 변하자 문화가 발전한 나라는 그 민족과 문화권에 역사를 같이하며 내려온 뿌리깊은 전통 풍습과 토착문화를 잊혀질까 염려하여 찾고 발굴하여 보전가치가 있으면 맥락이 끊이지 않게 전수를 시키고 학교 교과목에도 넣어 학생들에게 가르치고 있다.

그것은 우리나라도 마찬가지여서 옛것을 찾는데 온힘을 기울이고 있다. 그런데 한 가지 섭한 것은 우리 곁에는 천여 년을 내려오며 우리 조상들과 함께 뿌리를 내린 풍수란 학문이 있는데도 연구는커녕 비난의 대상이 되고 있다. 국토를 좀먹느니 기존의 묘가 너무 많다느니 호화묘를 쓴다느니 하며 불신, 혐오, 부정, 거부화 되어 그 오랜 전통의 학문이 찬밥신세가 되고 매장법도 추방형식의 기한을 만들어 땅속에 묻히는 권리마저 빼앗는 풍수족쇄를 채우고 말았다. 이렇게 되면 머지않아 풍수란 학문의 존재마저 위태롭지 않을 수 없다. 세상이 아무리 변하더라도 이 한 권의 책이 영원히 남아 풍수명맥을 잇고 조선시대 초기처럼 시험과목에 오르는 영광이 있길 바라며….

매화꽃이 만발한 木覓山 寓居에서 未空씀

차 례

김상현의 집터와 모친묘

김상현(金相賢)의 집터와 모친 묘

　　지금부터 6년 전의 일이다. 장성에 사시는 김모(金某)의
원으로부터 전화가 왔다. 내용은 필자가 쓴 풍수책을 보고
느낌이 많아 전화를 하였다는 것인데 장성에도 다른 곳 못
지 않게 산세도 좋고 명당도 많아 풍수학적으로 볼 곳이 많
으니 시간이 있으면 한 번 내려오라는 내용이었다. 그렇지
않아도 장성에는 조선 중기 성리학(性理學)과 이기론(理氣
論)의 대가들인 高峯 奇大升(고봉 기대승)과 河西 金麟厚
(하서 김인후), 그리고 선조(宣祖)때 명신(名臣)이며 풍수
의 대가인 박상의(朴尙義) 등이 장성군 출신이란 것과 조선
말 흥선대원군이 전국을 논할 때 장성은 학문을 한 인재가
많아 장성을 따를 지방이 없다고 하여 文不如長城(문불여장

장성군내 문불여 장성비

성)이라고 한 것을 알고 있던 터라 언젠가는 찾아 보려던 참이었다.

열차를 이용하여 장성역에 내려 개찰구를 빠져나가자 앞에는 사십대 중반의 김 의원이 미리 마중을 나왔다가 사람들 틈에서 먼저 알아보고 먼길에 오느라고 수고 많았다며 손을 내미는 데 첫 만남의 얼굴이 어찌도 그리 잘생겼는지 미남 얼굴의 기본인 금목형(金木形) 바탕에다 오악사독(五嶽四瀆)이 완벽한 얼굴이었다.

손수 운전을 하는 김 의원과 장성읍을 벗어나 백양사로 향하며 좌우를 둘러보니 때는 단풍이 한창인 늦가을이라 거리는 온통 은행잎으로 노랗게 물들어 있었으며 청명한 날씨가 눈이 부시도록 아름다웠다. 이렇게 김 의원과 시작한 하루는 여기저기 돌아다니면서 보는 곳마다 놀라는 일이 많아 저녁때 돌아올 때는 왜 진작 이런 곳을 와보지 않았나 하는 자책감이 들기도 했다.

두 번째 놀란 것은 장성읍을 벗어나 어디쯤인가 가자 좌우로 기이한 형상들의 산봉우리들이 보이기 시작했는데 특히 오른편의 둥글고 작은 언덕처럼 생긴 산에 그만 입이 벌어지고 말았다. 그러니까 길가에 마치 큰 종을 엎어놓은 복종형(覆鍾形)의 산과 그 뒤로 가마솥을 엎어놓은 모양의 복부형(覆釜形)산을 비롯하여, 붓을 세워놓은 문필봉(文筆峰)과 옥녀봉(玉女峰), 그리고 그와 비슷한 모양의 산들이 장성을 거쳐 광주로 내려가는 노령산맥의 지선[支脈] 끝마다 생겨 아름다운 자태로 늘어서서 한 눈에 들어오는 것이었다. 한마디로 아주 귀하게 여기는 귀사(貴砂)들이 죽죽 늘어서 있는 것이 아닌가!

그래서 속으로 금방 변심이 되어 문불여장성과 인물불여장성에 貴砂不如長城(귀사불여장성)이란 말도 좋겠구나 하고 혹시 이 마을에서 큰 인물 나온 사람 없느냐고 물으니 김 의원은 장성에서 나온 큰 인물이 어디 한 두 사람이냐며 창 밖으로 손을 가리키더니 저기 보이는 저 집이 지금 국회의원 5선인 김상현 의원이 출생한 집이라고 말하는 것이었다. 그러면 그렇겠지 하고는 잠깐 차를 세워 마을을 둘러본 뒤 이름을 묻고는 돌아오는 길에 다시 보기로 하고 백양사로 향했다.

그런데 백양사 절이 있는 백암산이 가까워지면서 양편으로 또 한번 펼쳐지는 단풍경치는 산에서 눈을 못 떼게 하였으니 자연이 인간에게 준 단풍이란 선물이 이렇게 아름다울 수가 있구나 하는 생각이 들게 하였다. 그러나 그것도 얼마 못가 입이 벌어질 정도로 놀라게 한 것은 바로 백양사 절 앞에서의 식사로, 반찬 가짓수와 종류가 얼마나 많은지 그

유학자이신 변옹과 필자

큰상의 자리가 좁아 상다리가 부러질 정도였다.

　그래서 또 속으로 이건 문불여장성(文不如長城) 인물불여
장성(人物不如長城) 귀사불여장성(山川不如長城)에다 식찬
불여장성(食饌不如長城)이란 문구를 더 붙이면 좋겠다는 생
각을 하며 점심을 들었다. 돌아오는 길에는 현시대의 대 유
학자이신 변시연(邊時淵) 옹을 만났다. 문불여장성의 현존
하는 진짜 주인공을 뵌 것이다. 자택 앞 길가 정자에서 바
람을 쏘일 겸 나오셨다는 변옹은 바람에 날릴 듯 긴 수염에
신선들이 사용하는 요술지팡이처럼 생긴 기다란 지팡이를
손에 드시고 머리에는 유건(儒巾)을 쓰신 모습이 선비의 상
징인 유학자(儒學者)의 자세였다.

　김 의원의 소개로 인사들 드리니 변옹은 필자의 신상과

유학자이신 변옹과 김수용 의원

풍수에 대해 이것저것 꼬치꼬치 캐물으시기에 아는 대로 대답을 드렸다. 젊은 사람이 어디서 그렇게 많은 학문을 배웠느냐고 놀라는 표정을 지으셨다. 시간이 넉넉하면 좀더 대화를 나눴으면 하였으나 대화라는 시간은 끝이 없는 시간이라 정자 앞에서 기념사진만 찍고 헤어졌는데 잠시나마 학문이 통하는 분과 대화를 나눈 것이 그렇게 좋을 수 없었다.

이렇게 김 의원과 백양사 관광도 하고 유명인도 만나고 하며 지내다가 시간이 되어 역으로 돌아오는 길에 올라갈 때 보아둔 특별하게 생긴 복종형(覆鍾形) 산과 김상현 의원이 태어난 집에 눈 도장을 찍어 두곤 열차에 몸을 실었다. 그리고 서울로 올라오는 열차 내에서 장성군 관내가 이렇게 볼 것이 많고 아름다운 곳인지 미처 몰랐다는 것이 부끄럽

기까지 했다. 대단한 수확을 거둔 것이다.

산세에 마음을 빼앗기거나 좋다고 한 번 보아둔 곳이라면 지체할 수 없는 것이 필자의 마음이다. 올라온 즉시 책장 속에서 옥룡자(玉龍子)가 지었다는 경세록(警世錄)과 답산가(踏山歌), 그리고 유세비록(遊世秘錄)과 산도(山圖)를 꺼내 장성 순창 고창편을 찾아 읽으며 하루를 쉬고 다음 날 일찍 새벽별을 보며 집을 나와 장성으로 차를 몰았다.

이른 새벽이라 차가 미처 달리지 못할 정도로 뻥 뚫린 고속도로를 달리다가 여산 휴게소에 들러 작은 볼일과 커피한 잔 훌쩍 마시고는 곧바로 출발을 하였다. 어느덧 장성 톨게이트가 눈앞에 보이기에 시간을 보니 여덟시이다. 마음속으로 부지런을 너무 떨어 일찍 왔다는 생각을 하며 고속도로 통행료를 지불하고 게이트를 빠져 나와 우측으로 돌아 김상현 의원 생가로 차를 몰았다.

엊그저께 왔던 길, 그러니까 장성읍내를 빠져 나와 이차선으로 포장된 장성 땜과 백양사 가는 길을 따라 성산과 야은을 지나 조금 더 올라가면 오른 편으론 거대한 산세가 하늘을 가린 듯 천장지형(天障之形)의 힘찬 줄기를 끌며 내려가는 모습이 보이고, 왼편으론 나지막한 그러나 여기도 힘찬 산세가 작은 하천을 따라 길게 내려가다 멈춘 모습이 보인다. 그런데 여기서 고개를 돌려 오른편 길가 옆을 보면 산 같기도 하고 섬 같기도 한 그러나 나무가 있어 산에 가까운 둥그런 덩어리 물체 하나가 마치 노적봉(露積峰) 모양으로 홀로 우뚝하니 서 있어 오가는 사람들의 시선을 끄는

[노적봉]=설명=마을에서 도리산이라고 부르는 이 산은 멀리서 보면 가을 들판에 노적가리를 쌓아 놓은 모양 같다 하여 노적봉(露積峰)이라 하고 조금 작으면 종을 엎어놓은 모양 같다 하여 복종형(覆鐘形)이라 한다. 그리고 높이가 낮으면서 약간 둥글면 가마솥을 엎어놓은 모양의 복부형(覆釜形)이 되는데 이러한 모양들은 아주 극품귀사(極品貴沙)이다.

데 바로 지난번에 왔다가 보고 놀랐다는 산이다.

멀리 떨어져서 보나 가까이 보나 아름답고 우람차게 생긴 노적봉을 끼고 돌면 이내 가로변에 길을 따라 늘어선 서너 채의 집들과 버스 정류장이 있고 이 버스 정류장에서 길 건너편을 보면 들판 한 가운데로 시멘트 포장을 한 농로와 함께 길이 끝나는 산자락 밑에 옹기종기 모여있는 집들이 보인다.

그런데 마을로 들어가기 전 진입로 오른편을 보면 마을을 안내하는 돌비석에 이름과 누가 세웠다는 제법 큰 안내석이

보이는데, 위는 자연석 삼각형 돌에 굵은 글씨로 "호산마을
"이라고 새겼고 아래에는 조금 가늘고 작은 글씨로 "상오리
3구 호산" 이라고 새겼다. 그리고 아래 사각 돌에는 마을입
구를 가리키는 화살표와 "민주당 상임고문 국회의원 김상현
증"이라는 글씨가 있으며 맨 밑에는 1994년 12월 27일 세웠
다는 글씨가 있다. 누가 보거나 이 안내석은 현재 국민회의
상임고문이며 국회의원인 김상현 의원이 기증을 하여 세운
것이란 걸 알 수 있다.

화살표가 새겨진 마을 안내석이 가리키는 대로 좌회전을
하여 개울위로 난 다리를 건너 마을 안으로 들어가면서 마
을 뒷산을 보면 읍내에서 지금까지 올라오면서 본 오른편의
거대하고 육중한 산세와 달리 여기는 낮은 야산에 불과하

호산마을 입구의 안내석

호산마을 전경

다. 그러나 길게 내려온 산세는 전후좌우에서 거대한 산들의 보호를 받고 있는 어린 용의 산이며, 이 어린 용의 허리 부분 우묵한 곳 중간에 산자락을 따라 십여 호의 농가들이 남향을 하여 옹기종기 모여있다. 터를 고르는 기본인 배산임수(背山臨水)에다 생활의 바탕이 되는 배목임전(背木臨田=뒤론 땔감 앞엔 식량)의 자리이며 바로 김상현 의원을 배출한 마을이다.

여기서 잠시 국회의원 김상현의 이력을 보면 김 의원은 세상이 아시다시피 우리 나라 국회의원으로서는 다선(多選)에 속하는 5선의 인물이다. 1935년생인 그는 1963년 우리나라 국회의원 중 최연소 나이로 국회의원 당선이 되었는데 이때 그의 나이 27세였다. 그리곤 지금까지 같은 길을 걸어

오고 있는데, 평생 한두 번도 어렵다는 의원직을 다섯 번씩 이나 하고 있는 것이다. 그렇다고 그가 순탄한 길만을 걸어 온 것은 아니다. 중간 중간에 민주화 운동이다 뭐다 해서 군사정권시절 정보기관에 끌려가 공산치하에서나 있을 법한 치욕의 수난을 겪기도 했고, 당파(黨派) 관계로 몇 번 낙선 의 고배를 마시기도 했다. 그러나 어찌됐든 지금은 오뚝이 처럼 일어나 거물급 국회의원이 된데다 이런 저런 감투도 쓰고 있다. 정치생명이 그만큼 장구한 국회의원도 드물다. 우스갯소리를 하자면 김대중 정권 하에 장관자리 하나쯤 할 만도 한데 장관보다 국회의원이 나은지 아니면 직업이 타고 난 직업인지 국회의원만 하고 있는 것이다.

그러면 왜 이곳에서 오늘의 김 의원이 나온 것일까? 남들 은 뭐라 하든 풍수를 하는 필자의 입장에서 그가 태어난 집 터와 조상들의 묘를 뒤져보니 오늘의 김 의원이 안 나려야 안 날 수 없는데 하나는 태어난 陽宅(양택-집터)이고 또 하 나는 한때나마 어머니를 모셨던 음택(陰宅)자리로 이 두 자 리 모두 무시 못하는 대단한 명당자리란 것이다.

우선 마을 이름을 풍수학적으로 조사를 하여 보면 재미있 는 것은 마을 이름이 지네라는 뜻의 상오리(上蜈里)이다. 뒷산의 흐르는 산세를 지네로 보고 그렇게 지었다는 것인데 필자의 눈으로 볼 때는 지네[蜈=오]라기 보다는 용으로 승 천할 날만 기다리는 이무기[大蟒대망]나 용으로 보는 것이 나을 성싶다. 왜냐하면 주변의 산세가 너무 큰데다 그 가운 데서 어미용을 따라 내려가는 산세이기 때문이다.

　마을 안으로 들어가 우선 김 의원이 태어난 생가부터 보기로 하고 좁은 골목길을 올라가 집을 보니 길게 내려온 산 허리 중간 중턱쯤 햇볕 잘 드는 곳에 지은 집은 거창하게 안채 사랑채 안대문 중대문 동쪽문 남쪽문에 기와 얹은 회벽담장에 머슴들이나 하인들이 드나드는 쪽문이 따로 있는 집이 아닌 그런 집의 변소만도 못한 집이었다. 다시 말해 처음부터 세도가나 대부자가 살려고 지은 거창한 고대광실의 집이 아닌 가난한 서민들의 대표적인 집인 방 한 칸 부엌 하나의 모옥삼간(茅屋三間=초가삼간) 집인 것이다.

　그런데 집을 떠나 집 자리가 들어앉은 터는 얼마나 잘 들어앉았는지 놀라지 않을 수 없었는데 이런 집터를 용의 허리 즉 산의 중간 부분인 배에다 지었다 하여 용지복(龍之腹)이라 한다. 그러나 여기는 용지복이라기 보다는 조금 윗부분 약간 깊은 곳에 있어 배꼽, 즉 용지제(龍之臍)라 하는 것이 나은데 아주 제대로 들어앉은 것이다. 그래서 옛날 풍수가들은 이런 자리를 꿩이나 산짐승들이 자고 나가는 자리라 하여 없는 사람들이 집이나 묘를 쓰며는 당대에 발복이 되어 꿩알부자가 되든지 벼슬을 한다고 하였다.

　용지복(龍之腹)과 용지제(龍之臍)의 원문을 보자.
　宛而中蓄曰龍之腹　其臍深曲　必世後福　金穀璧玉[완이중축 왈용지복 기제심곡 필세후복 금곡 벽옥]
　傷其胸脇　朝穴暮哭　其法滅族[상기흉협 조혈모곡 기법멸족]

김상현 의원이 태어난 집

  뜻은 산세가 내려오면서 중간에 멈추듯 하면 기가 쌓이는 곳이니 배꼽과 배 부분이 혈이 되며 이곳에 묘를 쓰면 후세에 반드시 부와 귀의 영화를 누린다. 그러나 가슴이나 옆구리 부분이면 아침에 장사를 지내고 저녁에 가족이 전멸한다니 망한다는 뜻이다.

  이왕 온 김이니 집안으로 들어가 쇠[패철]나 한 번 놔보고 가려고 문 앞에 서서 밀었으나 닫혀 있어 들어갈 수가 없었다. 그래서 옆에 있는 담장에 붙어 서서 발뒤꿈치를 들고 담장 위로 안쪽을 기울이니 마을로 들어올 때부터 짖어대던 개들이 얼마나 짖어대는지 남이 보면 괜한 오해를 살 것 같아 그만두고 발길을 돌려 왼편을 보니 약간 아래쪽으로 울타리 하나를 같이 쓰고 있는 다른 집이 있어 그리로 갔다.

그런데 여기는 위와는 달리 완전히 대문이 없는 집에다 앞마당이 훤히 보이고 그 뒤로 산비탈 울타리 가득 가을 햇살에 한창 노랗게 익어 가는 감이 주렁주렁 매달린 집인데 들어가며 인기척을 내도 아무 응답이 없어 자세히 보니 사람이 살지 않는 빈집이었다.

빈집으로 들어가 마당 끝 언덕배기 감나무가 있는 곳에서 들어올 때 보았던 산세를 보니 마을로 들어오기 전에 보지 못한 또 다른 깜짝 놀랄 만한 산세들이 눈에 들어왔다. 그러니까 건너편 길가에서 백양사 방향으로 갈 때 보였던 노적봉과 둥글둥글한 산세들이 여기서는 전혀 다른 모습으로 보여 그러면 그렇지 하고 넋을 놓고 말았는데 이유는 다른 산들과 달랐기 때문이다.

우리는 흔히 산을 정면에서 보아 잘 생긴 경우라도 옆이나 뒤편으로 돌아가 보면 전혀 딴판으로 바뀌어 못생기거나 심한 것은 흉물로 보이는 것도 있는데, 여기는 그런 것 하나 없이 어느 방향에서 보나 그 모습 그대로 귀봉귀사(貴峰貴砂)로 잘 생겼고 그 귀봉귀사들은 김상현의 생가에서 볼 때 물이 처음 들어오는 곳인 득수처(得水處)에서부터 보이기 시작하여 나가는 파구처(破口處)까지 길게 늘어서서 보였는데 모두 부귀지문(富貴之門) 바탕이 되는 아주 소중한 귀사들이었다.

그리고 집 앞을 싸고 돌아나가는 물인 과당(過堂)은 주산 줄기를 끼고 같이 내려왔다. 그 길이는 얼마나 긴지 똑바로 서서 눈을 득수처인 왼편 어깨부분에서 돌려 오른편 어깨까

[노적봉과 안산군]== 집 앞 건너편에 보이는 거대하고 웅장한 안산의 산세와 그 지맥
(枝脈) 끝에 있는 길쭉 동글 각형별종(各形別種)의 귀사들이 한둘도 아니고 여러 개
의 안산군(案山群)을 이루고 있으니 이는 가히 일품이며 인물이 안 나올 수 없다.

[집앞에서 본 복부형]= 즉 집이나 묘 앞에 이러한 가마솥을 엎어놓은 모양의 복부형
(覆釜形)이 있으면 반드시 부자가 된다. 그리고 다른 한편으로 보는 모양은 저보다
작으면 옥인성(玉印星)으로 보는데 하나만 있어도 벼슬을 하거나 대부자가 된다.

지 돌아가도록 보아야 했다. 과당하는 물의 길이가 길면 길수록 길흉화복의 유년(留年:머무는 해)기간도 그만큼 길어진다.

다음은 김상현이 한때 모친의 묘 자리로 썼던 집 앞의 도리봉 산이다.

김상현은 모친이 사망하자 마땅한 자리를 찾지 못해 마을 사람들이 주선하는 대로 집 앞 건너편에 있는 도리산[露積峰노적봉] 중간자락에다 묘를 썼다. 가난한데다 산도 없었기 때문이었다고 하는데 어쨌든 그 묘를 쓴 후부터 그의 인생은 확 바뀌어 오늘에 이르고 있다. 지금은 가족들을 따라 다른 곳으로 옮겼지만 그 자리가 복이 굴러 들어오고 부를 가져다주는 발복지(發福地)의 자리인줄은 그 누구도 몰랐고 그래서 자리는 임자가 따로 있다는 것이다.

여기서 풍수의 묘미란 것을 알 수 있는 것이다. 필자는 출간하는 책마다 재탕 삼탕으로 옥인과 솥을 엎어놓은 모양의 복부형(覆釜形)이나 종을 엎어놓은 모양의 복종형(覆鍾形)을 논하였고 앞으로도 계속 그럴 참이지만 지금도 잘 나가는 문중들이나 집안들의 조상 묘를 찾아보면 모두가 이러한 귀사들이 사방에 진을 치고 있는 것이다.

다시 말하지만 복부, 복종형은 크기와 생김에 따라 다르긴 하나 여기처럼 잘 생겼으면 길흉을 가리는 법수고 뭐고 가릴 필요 없이 쓴다. 그러면 당대 발복에 잘만 하면 군왕이요 잘못해도 영상이며 그까짓 한두 번 해먹는 장관이나 국회의원쯤은 집안에 가만히 앉아 있어도 갖다주는 아주 누워서 떡 먹기가 된다. 관재구설도 물론 없으며 묘를 쓰는 족족 발복이 되고 자리가 극히 좋은 자리는 나중에 너무 발복이 되어 후손들이 게을러지거나 살을 당하기도 한다. 이것이 옥인이나 복종 또는 복부형인데 사실이 그렇게 좋은 것이다.

잠깐 씨앗론을 풍수로 말하자면, 모든 씨앗은 땅에 묻으면 새싹이 나오고 열매가 맺힌다. 그러나 죽은 사람은 죽은 몸이라 그런지 아무리 묻어도 새싹이 안나오고 대신 그 산의 영(靈)과 지기(地氣)를 후손에게 준다. 시골유주무령 산천유령무주[尸骨有主無靈 山川有靈無主] 길흉이 후손에게 미친다는 것이다.

잠시 여기서 마을 노인으로부터 들은 일담을 적는다. 어디나 그렇지만 유명인들이 태어난 집과 선조들의 묘는 많은 풍수가들이 모여들 듯 여기 김 의원의 집과 선산도 꽤 많은 사람들이 다녀갔다고 한다.

그런데 어느 사람들은 무덤 주위에서 수맥탐사봉을 들고 빙빙 돌다간 무덤 속에 물이 들어 안되겠다는 사람들이 있는가 하면, 패철을 놓고 북쪽을 향해 잔뜩 짓수그리고 들여다보다간 여기는 건해풍(乾亥風)이 들어 국회의원 해먹을 자리가 아닌데 하며 고개를 가로젖는 사람도 있더란다. 한심한 말들이다. 아무리 탐사봉을 들고 무덤 주위를 뱅뱅 돌고 건해풍을 따져도 古來로부터 내려온 풍수의 정법인 형기론(形氣論), 그러니까 형국론(形局論)과 패철이기론(佩鐵理

氣論), 그리고 귀사론(貴砂論)을 배우지 않았으니 그런 소리들을 할 수밖에 없는 것이다. 만일 그런 식이라면 오늘의 김상현이 있었을까? 이렇게 잘 생긴 자리에서 호박 따다 들킨 소리들만 하고 있으니 한심하기 짝이 없는 사람들이다.

다시 본론으로 들어가서 가마솥을 엎어놓은 복부형이나, 중의 밥그릇을 엎어놓은 모양의 발우(鉢盂=대접)나, 직분에 따라 달리 이름이 붙여지는 도장인 옥인이거나, 큰 사찰에 매달린 종의 모양인 복종이거나 하는 이런 것들은 풍수에서는 대단한 귀사가 된다.

우리는 어쩌다 지방에 돌아다닐 때 멀리 산자락 끝이나 들판이나 밭 덤불가 또는 마른 논 가운데 둥그렇게 아무렇게나 버려지듯 쓸모 없이 보이는 둥그런 모양의 작은 산들을 보았을 것이다. 그런데 이는 먼 옛날 조물주가 지구를 만들고 산을 조각하고 나서 흙덩이가 남으니까 그냥 아무렇게나 여기저기 집어 던져 생긴 것이 아니다.

하늘에는 우리 인간들의 눈으로는 보지 못할 만큼의 무척이나 많은 별들이 있다. 그 별들 중에 첫째가는 제왕(帝王)의 별인 천성대제(天星大帝) 존성(尊星)과 두 번째인 자미대제(紫微大帝) 제성(帝星)과 세 번째인 오늘 우리가 보는 북두칠성(北斗七星)의 별이 있다. 합하여 존제북두성(尊帝北斗星)들로, 이들은 모두 하늘의 별들을 감시함은 물론 질서를 바로 잡고 통솔 관리까지 한다.

그런데 여기에는 바로 그들과 어깨를 같이 하는 옥인성(玉印星)이란 별이 있다. 존제성인 천은 태을과 같아 우주

상에서의 권력이 대단하다. 그런데 이러한 제왕의 별들은 하늘에만 있는 것이 아니고 조물주가 인간들을 위해 땅에도 뿌려 놓았으니 인간에게 내린 최고의 선물이며 풍수가들 눈에 먼저 띄어 그 용도를 알아냈다. 그래서 귀성(貴星)의 귀사(貴砂)이며 그들이 있는 곳과 앉은자리 주변에는 꼭 귀한 인물과 부(富)를 내는 아주 영물(靈物)의 작은 산인 것이다.

그리고 옥인은 꼭 둥그런 흙산만이 아니고 그와 닮은 바위가 있으면 이것도 옥인으로 보는데, 이때는 너무나 귀하여 최귀극상품(最貴極上品)의 옥인(玉印)이 된다.

平地平田生方石守職官邊梱[평지평전생방석수직관변곤]
(들판이나 밭 가운데 잘생기고 네모난 돌이 있으면 평생을 관청 문지방이 닳도록 관직생활을 한다.)

平地平田生尖石都院翰林兼[평지평전생첨석도완한림겸]
(평지나 밭 가운데 뾰족하고 잘생긴 돌이 있으면 현령과 한림의 벼슬을 겸비한다.)

설명처럼 옥인이란 바위든 흙이든 대단히 귀한 것이다. 그래서 水口나 혈자리 앞으로 예쁘고 잘생긴 둥그런 옥인성이 있으면 이는 용세에 따라 장상지지(將相之地)나 부귀지지(富貴之地)가 되는데 김상현이 태어난 집터와 모친의 묘자리는 후자에 해당되는 산이다.

[북하면 방향에서 본 도리봉] 설명=이러한 모양의 산이 물이 나가는 수구에 있으면 가문을 일으키는 장상(將相)이 나오고 양편으로 있으면 말로는 표현 할 수 없을 만큼 好好한 것이다. 그리고 이런 귀사들은 한 마을에서 한사람의 인물만 내는 것이 아니다. 도리산 주위 마을, 그러니까 도리산을 보고 있는 마을에서는 여러 성씨들이 크게 번성을 하였는데 연안 차씨, 담양 전씨, 광산 김씨, 울산 김씨들이다. 모두 이러한 산세들의 기운 때문이다.

夫玉印無凶有吉(부옥인무흉유길)
무릇 옥인이란 흉은 없고 길만이 있을 뿐이다.

이렇게 좋은 자리에서 태어나고 길지(吉地)에다 모친을 모신 김상현은 어릴 때 생활이 너무나 궁핍하여 고향을 떠나 떠돌이 객지생활을 하다가 정계에 입문하여 백성(百姓)들의 우상이고 꽃인 국회의원에 당선이 되어 고향을 찾았다. 필자의 단골 문장인 어변성룡(魚變成龍-물고기가 변하여 용이 됨)이 된 것이다. 당연히 친지들과 마을 사람들은 깜짝 놀랐다. 그러나 하늘이 내려준 최고의 선물인 지령산풍(地靈山風)의 묘 바람인 줄은 아무도 몰랐다.

김 의원의 집터는 이렇게 다 좋은데 한 가지 흠인 것은 안산의 용세가 대단히 높고 거세어 능압(凌壓)이 된다. 안산과 능압에 대해서는 ≪좋은 땅 좋은 집터≫편에서 자세히 설명하였으나 처음 읽는 독자들을 위하여 다시 설명하자면, 여기처럼 안산이 높을 경우는 잘 생겨야 한다. 그러면 빈(賓)이 주(主)를 돕는 형국이라 대단히 좋은 것이며, 그렇지 않고 주산 약(弱)에 안산이 못생기고 강(强)하면 혹 출세를 한다해도 고관에 이르지 못하고 오른다해도 자리보전이 힘들며 때에 따라서는 형옥(刑獄)살이도 한다. 주산(主山)은 주(主)가 되고 안산(案山)은 빈객(賓客)이란 설명도 여러 번 되풀이했다.

그리고 김상현의 집 뒤 주산이 조금 더 높고 와혈(窩穴)이나 반달형 속에 있었다면 이는 제비집 형국인 연소형(燕巢形)이나 봉황의 집인 봉소형(鳳巢形)이 되어 앞에 있는 귀사(貴砂)들과 조화를 이뤄 대단한 명당자리인 군왕지지(君王之地)가 되고도 남는다. 그래서 지금처럼 국회의원으로서만 끝나는 것이 아니고 호남말로 진즉 백악산 아래 이화당상(梨花堂上) 안주인으로 들어갔고, 또 영구집권(永久執權)도 가능했을 것이다. 이화당상이란 배꽃무늬의 궁궐을 말하니 그 이상은 독자들이 상상하기 바란다.

끝으로 위에 잠깐 비친 대원군의 전국 국토론과 관상론에

대한 것인데 남원은 인구가 많아 人不如南原(인불여남원),
순천은 땅이 넓어 地不如順天(지불여순천), 나주는 세액이
많아 結不如羅州(결불여나주), 광주는 곡식이 많아 穀不如
光州(곡불여광주), 고흥은 돈이 많아 錢不如高興(전불여고
흥), 가구수는 영광이 많아 戶不如靈光(호불여영광), 그리
고 제주도는 여자가 많아 女不如濟州(여불여제주)라고 하였
으며, 관상론의 금목체란 오행으로 얼굴의 생김이 약간 평
면사각형을 말하는 것이고, 오악(五嶽)이란 좌우 뺨과 이마
와 코와 턱을 말하는 것이며 사독(四瀆)이란 이목구비, 즉
耳[채청관=採聽官], 目[감찰관=監察官], 口[출납관=出納官],
鼻[심변관=審辨官]를 말하는 것이다. 하나 더 붙인다면 눈
썹인 보수관(保壽官)도 있어 정확히 말하면 이,미,목,구,비
(耳眉目口鼻)이다.

장성산세와 인물

장성 산세와 인물 (울산김씨)

장성을 다녀온 다음 날부터 필자는 울산 김씨에 대한 연구를 하고 자료를 찾기 시작하는 한편 웬만한 일이 아니면 모두 제쳐놓고 장성 땅 여러 곳을 찾아다니기 시작했다. 해방 후부터 지금까지 우리나라 문중들 중 가장 화려한 꽃을 피운 문중이 울산 김씨 문중이기 때문이다. 그런데 놀라운 것은 서울과 장성을 오르내리며 묘와 뿌리를 찾아보니 선조들의 묘는 장성군내만 있는 것이 아니고 순창과 고창, 영남지방에도 있었는데 모두 기가 찰 정도로 좋은 자리만 골라 잡아 쓴 대단한 명당이라는 것이다.

지금은 가족묘니 납골당이니 해서 한 구덩이에 몰아 묻는 시대에 명당은 무슨 명당이냐고 사갈(蛇蝎)의 눈으로 바라보는 반대파들이 있게 마련이지만, 과연 그러한지 이제부터 풍수환자가 전국을 돌아다니며 보고 쓴 이야기들을 보자.

호남고속도로를 가다가 백양사 게이트에서 빠져 나오면 오른편은 백양사와 장성으로 가는 길이고 왼편은 방장산을 넘어 고창으로 가는 길이라는 방향표지가 있다. 여기서 고창으로 가는 길을 따라 고속도로 지하도로를 지나 조금 올라가면 오른편으론 하늘을 가린 듯 높고 웅장한 방장산의 산과 길게 둘러친 산세가 보이고 왼편으론 들판과 함께 길가에 선평마을 입구란 푯말이 보인다. 그리고 몇 발자욱 더 올라가면 역시 왼편으로 흰 좌대 검은 안내석에 한문으로 "蔚山金氏興麗君과 配貞夫人閔氏墓域(울산김씨 흥려군 배정부인 민씨 묘역)" 입구라고 두 줄로 내려 쓴 안내비석이 보인다. 이 안내석을 끼고 좌회전을 하여 앞을 보면 넓은 들

흥려군 묘소 입구 안내석

판과 그 들판 뒤론 무엇을 둘러 싼 듯한 산세와 그 아래 좌우로 집들이 보이며 가운데 중간 산세가 내려오다 멈춘 곳엔 두개의 잘 생긴 둥그런 산이 보인다.

민씨 부인과 묘의 형국이 가마솥을 엎어놓은 복부형(覆釜形)이란 이야기는 대충 듣고 온 터라 길을 따라가며 산이 가까워질수록 필자의 가슴은 뛰기 시작했다. 풍수란 두 글자 속에 들어 있는 복부형이 바로 눈앞에 보이기 때문이다.

두근거리는 마음으로 길을 따라 들어가 주차장이 있는 곳에 차를 세우고 주변을 둘러보니 눈앞이 이렇게 화려할 수가 없었다. 널찍한 주차장은 시멘트 포장을 하여 후손이든 내방객이든 오는 이들의 불편을 덜었는데, 주차장 한쪽으로 난 계단을 밟고 올라가며 위를 올려다보니 마치 무슨 나무공원에 온 기분이었다. 어느 쪽을 먼저 보며 올라가야 하다가 왼편을 보니 검은 대리석에 "정부인 민씨 할머니 묘역정화 및 교육원시설 조성기"란 글이 보여 읽어보니 문중에서 묘역을 조성하게 된 내역과 묘소의 주인공인 민씨 할머니의 말씀을 새긴 묘역조성기(墓域造成記)였다.

그리고 조성기 앞에는 거북좌대에 교룡 무늬를 새겨 넣은

흥려군신도비

말을 탄 자손이 말등에 가득하리라

흥려군 김온(興麗君 金穩) 신도비(?)가 위용스럽게 세워져 있었다.

흥려군의 신도비를 보며 뒤쪽으로 돌아가니 작은 연못이 있고 그 뒤로 흰색의 높고 큼지막한 자연석 돌비석이 보이는데 앞면엔 "말을 탄 자손이 말 등에 가득하리라."는 글과 뒤로는 "민씨 할머니의 말씀"이라고 새긴 글이 있다. 한 서린 노부인의 자식들이 잘 되라는 바람이라고 생각하며 뒤로 가자 호화롭지는 않으나 약간 고풍스런 건물이 보이는데 울산 김씨 후손에게 교육을 가리키는 "울산김씨 청소년수련원(蔚山金氏靑少年修鍊院)" 건물과 안쪽으로는 명정재(鳴鼎齋)의 건물이 있었다. 그리고 수련원 건물로 오르기 전 계단 오른편엔 오래된 우물이 있었다.

묘소로 오르기 위해 우물 뒤로 난 비탈진 길을 따라 오르자 마치 가마솥 가외를 밟고 올라가는 기분인데, 묘 앞에 올라 앞을 바라보니 넓은 들판과 함께 멀리 노령산의 긴 줄기가 한눈에 들어왔다. 가슴이 다 시원할 정도로 넓은 들판에서 눈을 왼편으로 돌리며 산세를 하나 하나 읽어보니 무엇이라고 할 말이 없다.

명당은 어느 곳이나 그렇지만 여기도 전후 좌우로 빈틈없이 꽉 짜여 북쪽 방장산과 청룡이 있는 곳은 기상이 넘쳐흐르고 남쪽 백호줄기 쪽은 은은 잔잔하게 내려왔으며 기가 새지 않도록 담장을 둘러친 듯 휘둘러 친 안산의 노령산 산세는 국세(局勢)에 알맞게 감싸고 있으니 불수수(不受水) 불수풍(不受風)의 복부형이다. 여기서 국세란 형국과 산세

[복부형과 위의 묘]=여흥민씨의 묘. 왼편 비석 뒤로 보이는 것은 흥려군의 제단이다.

[들판과 안산]=묘소 앞에서 본 들판과 안산

를 말하는 것으로 높낮이가 대등한 것을 말한다.

여기 저기 산세를 본 다음 묘소를 보았다. 곤좌간향(坤坐艮向)으로 앉힌 큼지막한 봉분은 둘레석 없이 원형으로 꾸며졌고 앞엔 두 단으로 쌓은 상석과 마른 이끼가 낀 향로석이 있으며 삿갓 지붕을 한 비석엔 "정부인 여흥민씨지묘(貞夫人驪興閔氏之墓)"란 글이 새겨 있다. 그리고 왼편으론 민씨 부인의 남편이며 흥려군인 김온의 비석과 뒤론 봉분 대신 삼단으로 쌓은 제단이 있는데 봉분이 없는 것은 김온의 시신이 없기 때문이다.

묘소 주위를 돌다가 앞에 서서 멀리 들판을 바라보고 있자니 다음과 같은 생각이 떠오른다.

호남 8대 명당이 어딘가!

바로 이런 곳을 명당이라 하지 않고 어느 곳을 명당이라 하는가!

자손들이 만대영화를 누린다는 만대영화지지(萬代榮華之地)가 여기런가!

백자천손지지(百子千孫之地) 아니 자손천억지지(子孫千億之地)가 여기 아니고 어디런가!

되[升]가 아닌 말로 돈을 세는 두량지지(斗量之地)가 아니런가!

일인지하만인지상(一人之下萬人之上)의 경상(卿相)들이 줄줄 나오는 자리가 여기런가!

귀신도 욕심과 탐을 내는 귀욕귀탐(鬼慾鬼貪)의 자리가 여기런가!

　아니 하늘의 허락이 아니면 귀신이 붙들고 내어주지 않는 귀호신부지지(鬼護神扶之地)가 여기가 아니고 어디런가!

　이런 생각이 나는 것은 모든 것이 다 잘 생겼지만 그것은 산세뿐이고 실제로는 북쪽에 있는 말안장 모양의 마상귀인(馬上貴人) 때문이다. 풍수에서 왜 마상귀인을 그렇게 좋은 것으로 보느냐 하면 옛날에는 말을 탄다는 것은 대단한 신분의 상징으로 일반상민들은 말 구경조차 어렵고 근처에도 못 가는 때였다. 그래서 그것과 비교하여 마상귀인을 귀하게 여기는 것인데 묘나 집 주위에 이 같은 잘 생긴 마상귀인이 있으면 자손이 등과(等科)를 하거나 고관에 오른다.

　그러면 이처럼 아름답고 훌륭한 자리를 잡은 사람은 누구

[마상귀인]=사진에 보이는 것이 마상귀인이다. 집이나 묘주위에 저러한 것이 있으면 대명당에 속한다.

인가, 여기엔 애절한 사연이 담긴 이야기가 있으니 잠시 시간 여행을 하여보자.

그러니까 조선시대 3대 임금인 태종 때에 김온(金穩 1348-1413)이라는 사람이 있었다. 호는 냇가의 학이라는 뜻의 학천(鶴川)이고 본관(本貫)은 울산(蔚山)이다. 고려 우왕 6년에 벼슬길에 나서 여러 벼슬을 지내다가 1388년에는 이성계가 요동정벌시 급료관으로 종사하게 됐다. 야심과 꾀가 많은 이성계는 진군을 중단하고 이런저런 이유를 내세워 왕명을 거역하고 말과 군사를 돌려 회군을 하니 역사에 기록된 위화도회군이며 김온도 같이 행동하여 돌아왔다. 그리고 이조좌랑이 되었다. 후에 조선이 건국되자 회군원종양공신(回軍原從兩功臣)에 책록되고 정종 2년에는 좌명공신 흥려군(興麗君)에 봉해졌다.

정권이 태종으로 바뀌어 김온이 양주목사로 재임할 때의 일이다.

태종은 후계자 문제로 골머리를 앓고 있었다. 장자인 양녕대군을 세우자니 건달끼가 너무 심하고 색시 같은 효령대군도 맘에 안 들었다. 내심에 3자이며 후에 세종이 된 충녕대군을 맘에 두고 있었으나 장자계승을 원칙으로 따지는 대신들과 부인 원경왕후의 반발이 심했다. 자연히 두 파로 갈려 양녕대군을 세우자는 측과 충녕대군을 세우자는 측이 낮에는 팔뚝질로 밤에는 모함으로 맞섰다.

왕비 원경왕후의 성은 민씨로, 민무질(閔無疾)과 무구(無咎)라는 동생들이 있었다. 매형인 태종이 왕위에 오르기 전

정도전의 음모를 밀고하여 공을 세우는 등 아주 충성스런 처남들이다. 이 처남들은 장자 계승을 주장했다.

왕실의 고문격인 이화(李和)라는 사람이 있었다. 부왕인 태조와는 어머니가 다른 동생[異母弟]으로, 태종에게는 작은아버지가 된다. 부왕 때부터 국정과 종친간에 이런저런 참견을 하고 있는 끗발 좋은 사람으로 왕실의 어른 노릇을 하고 있었다.

자기중심적이고 변덕스런 성격의 태종은 훗날을 두려워하여 이화를 내세웠고, 기회를 보고 있던 이화(李和)는 왕위 계승에 반대한 사람들을 탄핵하고 나섰다. 그러자 태종은 혁명 뒤따르는 상벌원칙에 따라 죽일 사람들은 죽이고 귀양 보낼 사람들은 귀양을 보냈는데, 여기에 자신의 처남인 무질과 무구도 포함을 시켜 귀양을 보냈다. 그러나 그것은 당장 죽이지 않는다는 형식일 뿐 나중에 모두 약사발을 받고 죽었고, 이때 양주목사를 지내던 "김온"도 가담이 되었다 하여 사약을 받고 죽었다.

그런데 이 김온의 부인이 민씨이다. 민씨 부인은 화려한 가문인 한성판윤을 지낸 여흥 민씨 민량(閔亮)의 딸이며 태종비와는 사촌간이다. 남편이 사약을 받고 죽자 민씨 부인의 가슴은 뭐라 표현할 수 없었다. 임금이 자신의 뜻대로 충녕대군을 세웠으면 그만이지 사촌 오라버니들을 비롯하여 그렇게까지 많은 사람들을 무자비하게 죽일 줄은 몰랐다. 정권이 무섭고 비정한 것을 몸으로 느낀 민씨 부인은 천붕지괴(天崩地壞)보다 더한 남편의 죽음에 피도 눈물도 없는 태종과 같이 사는 한양이 싫어지고 언제 또 자신에게도 화가 미칠지 몰라 한양을 떠나기로 했다. 남편 김온의 시신을 자신만이 아는 장소에 가매장하여 남겨두고 아들 삼형제 달근(達根), 달원(達源), 달지(達枝)와 가솔들을 데리고 멀고 먼 길을 걸어 기나긴 여정 끝에 도착을 하니 오늘의 장성 땅이다.

조용한 곳에 내려와 살고 있는 민씨 부인은 늘 부군의 시신이 마음에 걸려 북쪽을 생각했다. 언젠가 세월이 조용해지면 자식들과 함께 유골을 찾아오기로 마음먹고 있었다. 그러나 불안정한 정세에다 거리까지 멀어 소원을 이루지 못하고 한 서린 세월을 보내다가 눈을 감았으며 삼형제들은 호남과 영남으로 흩어져 살며 각각 분파를 이루고 뿌리를 내리니 오늘의 울산 김씨이다.

복부형과 민씨 부인에 대한 글을 쓰면서 문중 한 분이 전해주는 말을 들으니 이 자리는 민씨 부인이 직접 잡은 자리이며 스승은 같은 시대 사람인 무학대사였다고 한다. 필자가 놀란 것은 풍수학문과 의술(醫術), 그러니까 지술(地術)과 인술(仁術)은 비구물설(秘口勿泄) 비인부전(非人不傳)이라 하여 함부로 말하지도 않고 가르치지도 않는 것이 원칙인데 남녀구분이 엄격한 시대에 어떻게 여자가 풍수 최고사(最高師)인 무학에게 배웠는지 의심이 간다. 그러나 이런 자리를 점지한 것으로 보아 혜안(慧眼)임에는 틀림없다.

복부형의 원문과 설명이다.

正體太陽 形金 白日 玉印 金盤形[형금 백일 옥인 금반형]
大者是穴居中心而積薪爲案[대자시혈거중심이적신위안]

설명은 정체태양은 둥근 해를 닮았다는 것으로 옥인과 금반형 등을 말한다. 혈은 산이 둥그렇고 커야하며 한가운데 있다. 안산이나 귀사로는 땔나무 섶을 쌓아 놓은 모양의 산이 있어야 한다.

또 다른 복부형의 원문이다.
形如覆釜 其賞可富 [형여복부 기전가부]
형세가 엎어진 솥과 같으면 대부를 이룬다.

참고 설명을 하자면 제대로 된 복부형이란 여기처럼 주산과 좌우 용호의 힘찬 산세들이 보호하는 데다 크고 넓고 강하고 힘있게 생겨야 한다. 솥의 용도는 크기에 따라 다르다. 큰절간이나 군대처럼 많은 사람의 밥을 지을 때는 큰솥은 사용하고 일반 가정이나 식구가 적은 집은 작은 솥은 사용하는데 여기처럼 큰솥은 대군(大軍), 대가족의 밥을 지을 수 있게 생겨 능히 만자손들이 풍요롭고 넉넉한 삶을 누린다는 뜻이다.

그러나 또 복부형이라 해서 모두 좋은 것만은 아니다. 여기처럼 생긴 곳은 일장백발(一葬百發)이라 해서 묘하나 쓰면 발복이 백천 가지로 퍼지고 반대로 주위에 산세하나 없고 넓은 들판에 바가지 하나 엎어놓은 듯 낮고 작고 힘이 없는 곳의 복부형은 기운이 없기 때문에 일장백망지지(一葬百亡之地), 즉 묘하나 쓰고 홀라당 망한다. 그리고 이런 산은 특이한 형국이라 패철로 어쩌고 저쩌니 하는 길흉론을 따지지도 않고 주변 국세(局勢)의 크기와 균형을 보아 산기운(山氣運)의 강약(强弱)을 따질 뿐이다.

끝으로 필자는 이미 출간한 책들 중에 왕자봉(王子峰)이니 복부형이니 하는 사진을 게재했다. 특히 일본 교토 근교에서 찍은 사진이나 경주 근처에 있는 사진은 이곳 못지 않은 곳들로 아주 귀지귀(貴之貴) 상지상(上之上)의 형국들이다.

명정리에서 복부형 묘를 보고 나오니 가을 해는 어느새 많이 기울어 그림자를 드리우고 있었다. 하룻밤 묵을 작정으로 온 것이라 서울로 가지 않고 황룡면 필암리로 향했다. 필암에는 조금 전에 본 김온과 민씨 부인의 5대손인 하서(河西) 김인후(金麟厚) 선생의 생가와 묘와 서원과 재실이 있다고 하기 때문이다. 하서 선생의 이야기는 차례대로 쓰기로 하고 필자의 과거 경험담 하나 쓴다.

오래 전, 그러니까 지금부터 30년 전인 1969년 필자가 군복무 중일 때의 일이다. 전 해인 68년 1월인가 무장공비들의 청와대 습격 미수 사건이 있은 일년 뒤 필자가 군입대를 하여 부대 배속을 받아 보니 산으로 둘러싸인 중부지방의 전방이었다. 며칠이 지나자 다시 파견을 나가라고 해서 가 보니 홍천 근방의 높은 산이었는데 하는 일은 전시대비 진

지구축과 벙커작업에 쓰일 모래와 자갈을 산꼭대기 작업장
으로 운반하는 일이었다.

그런데 말이 모래를 산으로 운반하는 것이지 얼마나 높고
험한지 빽빽이 들어선 나무와 바위로 된 능선은 눈앞을 가
렸고, 그 사이를 요리조리 피해 다녀야하니 땀 범벅은 말할
수 없었다. 아침 일곱 시에 배낭에 모래 대여섯 삽을 담아
짊어지고 현장까지 갔다오자면 뛰다시피 해야 간신히 두 번
을 다녀오고 점심을 먹는다. 한 번 다녀오는데 두세 시간이
걸리는 것이다.

하루는 점심을 먹고 텐트로 만든 간이막사 뒤편 나무 그
늘에 앉아 쉬면서 무의식중에 땅바닥에다 손이 가는 대로
글씨를 쓰고 있었는데 전에 배운 맷돌 시(詩)였다. 맷돌이
란 곡식을 갈거나 잘게 빻는 작은 방아의 일종으로 집집마
다 없어서는 안 될 아주 귀중한 물건인데 지금은 만능 믹서
기나 녹즙기에 밀려 퇴물이 되어 헛간 한쪽 구석이나 안 보
이는 곳에 처박혀 먼지를 잔뜩 뒤집어 쓴 채 방치돼 있다.

그런데 이 맷돌은 부인들만이 사용하는 것으로 한여름 홑
적삼 차림의 부인들이 마주 앉아 무거운 돌을 돌리며 맷돌
질을 하면 속도가 붙을수록 상체를 흔들고 요란을 떨어 엉
덩이 들썩임은 물론 앞가슴도 덩달아 흔들려 옷섶이 풀어지
고 결국은 볼만한 풍경으로 변하기 때문에 젊은 며느리가
맷돌질을 할 때는 시아버지나 남정네들은 보기가 민망하여
자리를 피하곤 하는데, 바로 그 풍경과 맷돌의 생김 그리고
소리와 같아져 나오는 곡식을 보고 지은 시가 맷돌시다.

뇌동동이 불우[雷動動而不雨]
(천둥번개는 쳐도 비는 안 오고)
설적적이무한[雪積積而無寒]
(눈은 쌓여도 춥지는 않고)

라는 구절을 쓰고 있는데 어느새 왔는지 같은 계급의 동료 하나가 옆에서 보고 있다가 빙그레 웃더니,

석첩첩이무산[石疊疊而無山]
(바위돌은 겹겹이 쌓였어도 산은 없으며)
로곡곡이불원[路曲曲而不遠]
(길은 구불구불하나 멀지를 않다)

라며 줄줄 외는 것이었다.
동료의 그러한 모습에 깜짝 놀란 필자가 바라보자 그는 한술 더 뜨며 하는 말이 그 정도야 조족지혈(鳥足之血=새발의피)이지 하더니 이번엔 그가 바닥에다 너 이런 시(詩)도 아냐 하며 쓰는데,

지령반종지[枝影半從地(간장반종지)]
(나무 그늘이 벌써 땅에 반이나 드리웠고)
다식빈사과[多食貧士過]
(가난한 선비가 지나치게 많이 먹다)

라는 다행히도 필자가 아는 시(詩)였다.

그래서 필자도 재빨리,

화로접불래[花老蝶不來]

(꽃이 시들면 나비가 오지 않는다)

국수한사발[菊樹寒沙發]

(국화 나무에 서리꽃이 피다]

천장거미집[天長去未執]

(하늘이 멀어 잡을 수 없다]

월리산영개[月移山影改(워리사냥개)]

(달이 움직이니 산 그림자도 따라 움직인다)

라고 줄줄 외니 동료 또한 놀라는 것인데 이런 시는 서당에서 명심보감이나 소학 또는 통감 정도 배우면 글자도 어느 정도 알고 하여 학문의 흥미를 더하라고 훈장이 조금씩 가르치는 시였다.

파견 기간은 열흘이었고 서로 다른 부대에서 파견 나온 동료들이라 서먹서먹하니 지내다가 이 일로 인해 둘은 서로를 알게 되었는데 입대 전까지 서당에 다니다 왔다고 하는 그는 사서(四書)와 역경은 물론 조선시대 명현(名賢)들의 명시(名詩)와 고사성어(古事成語)를 비롯하여 중국의 시성(詩聖)인 이백이나 두보의 당시(唐詩)도 무척 많이 알고 있었다.

사실 이런 이야기는 별로 대수롭지 않은 이야기이지만 오

합지졸들이 모인 군대에서 이런 훌륭한 학문의 소유자를 만
난다는 것은 극히 어려운 일이었다. 지금이야 학력 평준화
로 차이가 없지만 당시만 해도 이름자도 모르는 무학자(無
學者)가 있는가 하면 대학을 졸업한 사람도 있어 지휘관들
의 사병통솔이 어려운 때였다.

그리고 혹 이런 학문을 아는 사람이 있다 해도 해방 이전
인 1930년대 전후에 태어나 서당에서 많은 글을 읽은 영관
급 장교나 나이 많은 하사관들 중에 혹 있을까 일반 사병들
중엔 제대를 할 때까지 만나질 못했다.

우연히 맷돌시로 인해 학문의 친구를 찾게 된 두 사람은
서로의 본색(?)을 드러낸 것이다. 그래서 가끔 한시(漢詩)
를 지어 농담을 하기도 하고 때론 고약한 신출장교들에겐
彼漢如狗者(피한여구자:저놈 개 같은 놈. 실제론 개쌍놈)란
욕을 하기도 했는데 파견기간이 끝나고 각자 부대로 돌아
갈 때쯤 되자 그는 고향인 장성 자랑을 하며 제대를 하면
꼭 놀러오라는 것이었다.

이렇게 장성 친구와 헤어진 후 까맣게 잊고 있었는데 장
성에 다닌 후 훌륭한 문인이 많다는 것과 그 때의 동료가
생각나 적어 본 것이다.

황룡면 필암리로 가기 위해 길을 나와 백양사 인터체인지
에서 고속도로를 탈까 하다가 일반도로로 가면 가는 길목
서삼면에도 울산 김씨들 잘 쓴 묘가 있다 하여 보고 가려고
서삼면으로 가다보니 우물쭈물하는 사이 어느새 해가 지고
있었다. 오늘은 안 되겠다싶어 읍내로 가 숙소를 정하곤 오

필암서원 입구

늘 본 복부형의 글을 정리 한 뒤 내일을 위해 잠자리에 들었다.

땅이 진동을 하며 잠을 깨우는 덤프트럭 달리는 소리에 눈을 뜨니 여섯 시, 밖으로 나와 장성역 근처에서 간단하게 아침을 때우고 서삼면이 아닌 황룡면으로 향했다.

장성게이트 근처 고려시멘트공장 옆으로 난 고가도로를 넘어 지금은 물이 줄어 작은 냇가나 다름없는 황룡강 위로 놓인 다리를 건너 상무대와 함평 방향으로 가니, 있는 대로 먼지를 일으키며 작업차량들이 질주를 하는 곳에 신호등과 함께 작은 사거리가 나타났다.

그리고 길 한편에 필암서원(筆岩書院)과 홍길동 생가 입구라는 간판이 보인다. 홍길동은 자신이 종의 소생이란 것에 울분을 품고 의적 괴수가 되어 양반계급에 복수를 하고 재물을 털어 가난한 사람을 돕는다. 그래서 해방 후부터 지금까지 만화나 텔레비전의 단골 주인공이 되어 용맹 씽씽 날쌘돌이의 대명사로 어린이들의 우상적 인물로 되어 있다. 바로 그 홍길동 탄생지가 이곳이라니 놀라지 않을 수 없다.

안내판이 가리키는 대로 오른쪽으로 우회전을 하여 길을 따라 가다 고개를 하나를 넘으니 눈앞 바로 넓은 평지에 마을이 나타나고, 오른편으로 그다지 높지도 낮지도 않은 아

筆岩書院[필암서원]=하서 김인후 선생을 주향하는 필암서원은 조선 선조23년에 장성읍 기산리에 처음 세워졌으나 정유재란 때 병화로 소실되었다. 인조2년 황룡면 증산리에 다시 복원하였다가 1662년 현종 때 현 위치로 옮겨 다시 지었다. 고종1년 대원군의 서원철폐당시 전남에서 광주의 포충사와 필암서원만 남은 유서깊은 서원이다.

담한 산이 보이며 그 산 앞쪽으로 고풍스런 이층누각의 기와집과 역시 새로 건축 중인 제법 큰 기와지붕이 보인다. 속도를 늦춰 가며 오른편 길가에 서 있는 필암서원 입구라는 간판이 보이는 대로 작은 농로를 따라 가니 이내 곧 필암서원의 고풍스런 건물이 나타났으며 하서공(河西公)과 학문을 떠올리게 하였다.

김인후(金麟厚1510[중종5]-1560[명종15]) 조선 중종 때의 문신. 자는 후지(厚之), 호는 하서(河西), 부친은 영(齡), 조부는 환(丸), 증조부는 의강(義剛)이며, 고조부는 달원

(達源)으로 명정리 복부형 묘의 주인인 민씨 부인과 흥려군 김온의 세 아들 중 둘째이다. 흥려군의 5대손인 것이다. 가문의 혈통대로 어릴 때부터 학문도 잘 하고 시도 잘 지어 신동으로 불렸는데 여섯 살 때 하늘이란 운자(韻字)로 지은 시를 보면,

形圓至大又窮玄 浩浩茫茫繞地邊 覆燾中間容萬物 杞人何事恐頹連[형원지대우궁현　호호망망요지변　복도중간용만물　기인하사공퇴연]
(모양은 둥글어 지극히 크고 또 지극히 현묘한데 호호공공하여 가를 둘렀도다. 덮여 있는 그 가운데 만물을 용납하니 기나라 사람은 어인 일로 무너질까 걱정을 했던가?)

이 시를 보면 시도 시이지만 여섯 살이란 나이에 글자도 알기 어려운데 벌써 하늘의 움직임에 궁금증과 의심을 품었던 것인데, 22세 때인 중종(中宗) 신묘년에 진사에 오르고 10년째 되던 해에는 문과에 급제하여 호당에 들어가 이퇴계와 더불어 친교를 깊게 하며 학문을 토론하였다. 인종이 세자로 있을 때 글을 가르치는 세자시강원설서(世子侍講院說書)로 원자보양청에 나아갔다. 인종이 임금에 즉위하자 고향에 계시는 부모님을 위해 옥과현감을 자청하였다. 후에 한양으로 다시 와 제술관을 지낼 때 인종 임금은 계모인 문정대비와 친족들인 윤원형과 윤임 사이에 당쟁을 염려하다가 임금의 석연치 않은 죽음을 보고 실성통곡하며 관직을

버리고 고향[장성]으로 낙향하였다. 뒷날 명종 임금이 여러
차례 소명을 하였으나 응하지 않고 고향에 묻혀 지내며 성
리학을 연구하니 천문. 지리. 의약. 산수. 율력(律曆)에 정
통하였다. 율곡이나 정철을 비롯한 많은 사람들이 그의 인
품과 학문을 아꼈다. 때론 고향 앞산에서 자신을 이기지 못
해 인사불성이 되도록 실컷 술을 마셨으며 통곡으로 울었다
한다. 그의 학문을 아까워한 명종 임금이 학자로서의 최고
영예직인 홍문관 교리로 임명했을 때도 응하지 않았으며 사
후에는 호남인으로 유일하게 문묘에 배향된 18현 중의 한
분이다. 시호는 문정공(文正公)이다.

   이상이 하서 선생의 간단한 이력이지만 여기서 풍수가들
이 조명해야 할 것은 선생의 천지 음양오행 원리를 논한 성
리학(性理學), 즉 사단칠정(四端七情)의 중심인 이기론(理
氣論)이다. 사단(四端)이란,

   측은지심(惻隱之心)은 仁의 端,

   사양지심(辭讓之心)은 禮의 端,

   수오지심(羞惡之心)은 義의 端,

   시비지심(是非之心)은 智의 端 이고

   칠정(七情)이란 喜 怒 哀 懼 愛 惡 慾이다.

   그러나 풍수에서 말하는 성리학 이기론은 위 詩에서 보다
시피 해와 달이 공전을 하며 음양을 만들고 음양에 따라 理
와 氣가 자연 발생하여 바람이 일고 물이 생긴다는 것이다.
그리고 그 바람과 물은 하늘과 땅의 질서를 바로 잡으며 계
절에 따라 달리 움직이니 겨울에는 강한 음기로 북풍에 서

[김인후선생생가]=원래의 생가는 불타 없어지고 다시 지은 것이라 한다.

리와 눈으로 만물을 죽이고, 여름에는 따뜻하고 강한 양기로 이슬과 비는 만물을 생성한다. 덧붙인다면 오늘의 풍수가 되는 원인도 땅위와 땅속을 오가는 바람과 물이며 이 바람과 물이 산 육체와 죽은 영혼에게 기를 불어주는 바람[風]과 물[水], 즉 風水의 모체인 것이다.

　이 같은 이기론의 선생이 학문의 꽃을 피우기까지엔 퇴계 이황과의 끈질긴 학문의 질문과 연구 그리고 고봉 기대승 같은 훌륭한 분들이 있었기 때문이다.

　선생의 혼이 풍기는 필암서원 앞에 차를 세우고 육중한 기둥사이로 난 대문 문턱을 넘어 들어가 이리저리 건물의 안팎을 둘러본 다음 밖으로 나와 선생의 묘소는 어디 있나 하고 뒷산을 바라보니 있을 것 같지 않았다. 그래서 근처

김인후 묘소 앞 교룡문 신도비

밭에서 일하는 부인들이 보이기에 물으니 묘가 있는 곳은
여기가 아니고 맥동(麥洞)에 있는데 저리 나가서 오른쪽으
로 난 길을 따라 올라가다가 사람이 보이면 다시 맥동을 물
어 보라는 것이었다.

부인들이 알려준 대로 길을 나와 맥호리로 들어가니 멀리
산비탈 아래 거대한 비석과 함께 여러 장의 묘소들이 보여
저기다 하고 따라 올라가다 마을 중간 길가에 오래된 비석
이 보이기에 자세히 보니 하서 선생의 유허비(遺墟碑)와 옆
으로 중총(仲聰)의 부인인 태인 박씨(泰仁朴氏)와 남중(南
重)의 부인인 행주 기씨(幸州奇氏)의 뜻을 기려 세운 이열
여부정려(二烈女婦旌閭) 비(碑)였다. 그리고 옆뒤로 기와집
이 보여 사람들에게 물으니 이 마을이 하서 선생이 출생한

마을이고 생가 터가 있는 곳이라 한다.

생가와 묘의 거리는 멀지 않은 한 동네 한 산줄기에 있었
다. 주차장에 차를 세우고 주변을 둘러보니 크기와 모양이
다른 두 개의 큰 비석이 거리를 두고 있는데 조금 떨어진
곳에 있는 비석은 이끼가 잔뜩 낀 오래 묵은 비석이고 이수
교룡(螭首交龍) 지붕의 큰 비석은 근래에 세웠는지 거북좌
대와 함께 상태가 깨끗했다.

비석을 대충 읽은 후 산으로 올라가며 왼편을 보면 두 기
의 묘가 부부나 부자의 묘처럼 다정하니 보였다. 그러나 부
부나 부자의 묘가 아니고 시아버지와 며느리의 묘인데 좌측
의 묘는 하서 선생의 손부(孫婦)인 기씨 부인의 묘이고 오
른편 묘는 기씨 부인의 시아버지인 찰방(察訪) 종호(從虎)

[기씨부인의 묘]=일비장의 전설이 깃든 기씨부인의 묘

의 묘이다. 기씨 부인은 동시대 유명한 성리학자(性理學者)인 기대승의 따님이다. 사람들은 기씨 부인의 묘를 일비장(一臂葬)으로 부르는데, 여기에는 애처러운 전설이 있다.

조선시대 선조 때인 임진왜란이 일어난 6년 후 정유재란 때의 일이다. 왜군의 재침략으로 쑥밭이 된 조선은 또 한번 피난을 가느라고 이리저리 흩어져야 했다. 기씨 부인도 남편 남중(南重)을 따라 가기로 했으나 적군의 사정을 보고 떠나기로 하고 며칠 미뤘다가 여의치 않자 친정이 있는 광주로 떠났다. 얼마 후 기씨 부인은 왜군들이 물러갔다는 말을 듣고 집이 궁금하여 돌아오는 중, 집 가까이 맥동 어구로 들어가는 냇가 둑길에 이르니 별안간 왜적들이 달려들어 한 쪽 팔을 붙들며 덤벼드는 것이었다.

위기를 느낀 기씨 부인은 몸에 품고 있던 칼로 붙잡힌 팔을 잘라 물 속으로 던져버리고는[斷臂投水단비투수] 자신도 뛰어 들었다. 왜적들에게 더럽혀지기보다는 차라리 자결을 선택한 것이다. 마침 장마 때라 냇가에는 물이 불어 있었다. 왜적들이 물러가자 마을 사람들이 기씨 부인의 시신을 찾으려고 물 속을 뒤졌으나 시신은 없고 잘린 팔 만 찾을 수 있었다. 그리곤 한 쪽 팔[一臂] 만을 묻고 장사[葬]지냈다 하여 일비장(一臂葬)으로 불리게 되었다.

전설이 깃든 묘를 뒤로하고 약간은 가파른 산을 오르면 이내 하서공의 묘와 뒤로 부친인 령(齡)의 묘가 있다.

선생의 묘 앞에서 원당산의 산세를 보니 국세가 크게 뻗은 산은 오른쪽 백호 넘어 멀리 수연산의 거대한 일출금형

(日出金形)의 둥근 산세가 보이고 그 산의 줄기가 앞으로 가까이 돌면서 안산을 만들고 물이 나가는 水口와 함께 東으로 나갔다. 그리고 물을 얻는 득수처도 백호와 같이 서쪽에서 발원을 하여 西出[申得水] 東流[乙卯破]와 함께 길게 돌아치며 나갔는데 한 가지 좋은 것은 백호 어깨 부분에 있는 대형금체(大形金體)의 수련산이 백호의 허한 부분을 막아주고 있는 것이다.

하서의 묘와 손부(孫婦) 기씨(奇氏)의 일비장 묘를 보고 산을 내려와 오른편의 같은 원당산 줄기에 쓴 장군대좌형이 있다는 곳으로 갔다. 오른편 산모퉁이를 돌아가니 산밑으로 커다란 재실이 보이고 재실 앞으로 난 계곡 오솔길을 따라 오르자 양편으로 갈라진 산세 중간에 한 줄로 내려쓴 여러

하서 김인후 선생의 묘

기의 봉분이 눈에 들어온다. 왼편으로 난 가파른 길을 올라
가 차를 세우고 묘소가 있는 곳으로 오르니 맨 위에서부터
찰방 종호의 부인 남원 진씨(南原晋氏)와 증손자 그리고 아
래로 통덕랑(通德郞)을 지낸 계현, 그리고 윤조의 순으로
썼는데 모두 하서의 후손들이며 왼편 산등성이로 하서의 묘
가 보이고 있었다.

　산세와 묘를 보면서 눈길을 끄는 것은 계현 부부 묘와 아
래 윤조(胤祖) 부부 묘가 있는 곳에는 봉분이 셋이었다. 그
래서 둘째 부인들 묘인 줄 알고 있다가 마을로 내려와 후손
에게 물으니 성도 다르고 임자도 없는 전혀 다른 사람의 묘
로 문중에서는 홍총(洪塚)으로 부른다고 한다. 홍총으로 부
르는 이유는 원래 여기는 울산 김씨들이 묘를 쓰기 전 홍씨
들의 묘로 짐작되는 묵은 묘가 있었는데 김문에서 산을 사
들이고 묘를 쓰면서 묵은 묘들을 다른 곳으로 옮기거나 파
헤치지 않고 옆에다 그냥 썼다고 한다. 한가지 더 놀라운
것은 그렇게 오래된 묘이건만 지금도 김씨 문중에서 벌초를
할 때면 홍총도 같이 해주어 관리를 한다는 아주 믿기 어려
운 얘기이다. 내 산에 있는 남의 묘는 주인이 있거나 없거
나 재판질을 해서라도 내쫓고 누구도 한 발작 들이지 말라
고 철조망까지 치는 것이 현세의 사람들인데 이 얼마나 아
름다운 일인가? 이럴 때 쓰는 용어를 들먹이지 않을 수 없
다. 그러니까 덕을 크게 베풀면 큰 자리를 얻을 것이요 작
게 베풀면 작게 얻는다는 말이다

아주 원문을 보자.

大德受大地 小德受小地 不德受惡地 [대덕수대지 소덕수소
지 부덕수악지]

(큰 덕을 베풀면 대명당을 얻고 작은 덕을 베풀면 소명당을 얻으
며 덕을 베풀지 않으면 나쁜 땅을 얻는다.)

울산 김문의 대번성에는 이러한 큰 도량의 마음씨가 기초
가 되지 않았나 한다.

홍총의 유래는 그러하고 필자의 눈으로 볼 때 여기는 장
군대좌형이 아니다. 장군대좌형이라면 일반적으로 주변 산
보다 약간 높은 산줄기에 강하면서 평평한 능선에 낙타봉이
나 말안장처럼 생긴 자리가 있어야 한다. 그래서 묘를 썼을
때는 아래서 보면 위엄이, 위에서 보면 기상이 넘쳐야 한

[홍총]=가운데 묘가 홍총이다.

다. 그리고 주산맥은 돌격 전진하는 산세로 생겨야 하고 주변산은 좌우와 뒤에서 따르거나 호위하는 군사와 휘날리거나 진중에 꽂아 놓은 깃발 모양의 출전기(出戰旗)와 기치(旗幟) 또는 출전군(出戰軍) 등의 사(砂)가 있어야 장군대좌형의 격을 갖추는 것이다.

그리고 잘 생긴 장군대좌형이라 해도 절대 여러 장의 묘를 써선 안 되고 기껏해야 두 자리이며, 혈자리는 꼭대기 말안장의 부분이 되나 옆 산세가 좋으면 옆구리 갈비 부분도 되는데 이는 말을 달리게 할 때는 고삐질과 함께 발로 배옆구리를 차기 때문에 여기도 자리가 되며 마복혈(馬腹穴)이나 우복혈(牛腹穴)이라 한다. 때에 따라서는 발복이 빠를 수도 있다.

그런데 여기는 장군형을 닮은 산세가 없고 혈자리 보다 높은 좌청룡은 높이 솟아오르다 백호와 함께 길게 내려갔고 앞은 큰산이 막혀 있어 아무리 보아도 장군대좌형의 모양이 나질 않는다.

맥호리에서 하서공의 생가와 묘소 그리고 통덕랑 계현의 묘등 여러 묘소를 보고 나니 아침 열 시이다. 시간이 충분하여 근처 아주 유명한 또 다른 인물의 묘를 찾았다.

필암리로 다시 나와 아곡과 금호리 가는 길을 물어 쭈욱 올라가니 얼마 안가 아곡(阿谷)이란 마을이 나온다. 바로 조선시대 그 유명한 박수량과 박상의 그리고 홍길동을 출생시킨 마을이며, 마을 이름이 아곡인 것은 이곳 출신인 박수량의 호를 따서 지은 것이라 한다. 길가에 홍길동의 탄생지

가 여기라는 간판이 보이기에 이왕 온 김에 둘러보고 갈까
하다가 공사중이라는 말을 듣고는 다음으로 미루곤 다시 마
을 가운데로 난 길을 지나 고개를 넘자 왼편으로 산을 끼고
가는 길가 오른편에 백비(白碑)와 박수량의 묘소가 있다는
표지판이 보인다.

여기서 잠시 박수량의 간단한 약력을 보자면 아곡(莪谷)
이란 호가 더 잘 알려진 박수량(朴守良)은 젊어서 진사시와
문과에 합격한 후 참판, 판윤, 호조판서 등 관로(官路)만
38년을 했다. 재임 중 어찌나 결백했던지 언제나 끼니가 어

[박수량 묘와 백비]=백비란 박수량 묘소 앞에 있는 비석으로 두 가지 뜻이 있다. 하
나는 명종 임금은 박수량이 죽자 그의 뜻을 기려 비석돌을 하사하였는데 바다 속에
서 캐낸 돌의 색깔이 백[흰]색이라 백비이고 하나는 비석에 글씨가 없다는 뜻의 백
비라 한다. 비석에 글씨를 새기지 않은 것은 후손들이 청렴한 조상에 비석에 글자를
새긴다는 것 자체가 누가 될까하여 글자를 새기지 않았다는데 지금까지 민비석으로
남아있다.

려웠고 퇴임 후에는 변변한 집 한 칸 없이 물러났다. 남들
은 쥐꼬리만한 벼슬 몇 해만 해먹고도 이런 공 저런 공 내
세워 눈에 보이는 땅은 모두 내 것이 되는 사패지지다 뭐다
해서 재산을 늘렸는데 아곡은 평생을 해먹고도 땅한 뼘은커
녕 송곳하나 꽂을 자리도 없었다.

그나마 살고 있는 초막 같은 집도 다 낡아서 추녀가 땅에
닿는 데다 여름에 비가 오면 빗물이 줄줄 새고 한겨울엔 찬
바람이 일어 수염에 고드름이 매달릴 정도였다. 아곡의 이
러한 소식을 들은 명종 임금은 식량을 보내기도 하고 노후
나마 편히 지내라고 99칸 짜리 집 한 채를 새로 지어 下賜
(하사)도 하였다. 그러나 그나마도 임진왜란 시기인 정유재
란 때 화재로 소실되었다.

명종대왕이 아곡에게 보낸 편지.
=御札=
不見卿久矣齒髮경若何聞卿居家廚不烟者月輒居半云寔美事
也.
(경을 만나지 못한 것이 오래 되었도다. 건강상태는 어떤지 또한
궁금하오. 들건대 경의 집 부엌에서 연기가 나지 않은 때가 한달 동
안에 곧잘 반이나 된다하거니와 이는 참으로 아름다운 일이다.)
苑禾初熟打數斗而送物經義重之地如何聊當入侍苦企 餘不具
式..........仁政殿書.
(나라 동산에 벼가 막 익었음에 몇 말을 타작하여 보내노라. 비록
물품은 빈약하되 마음의 뜻은 큰 점을 그대는 어찌 여길는지? 애오
라지 마땅히 궁궐에 들어와 나를 보좌하여야 할 터인데 간절히 바라

노라. 나머지는 격식을 갖추지 못하오..........인정전에서 쓰다.)

아곡이 죽자 장례비조차 없었다. 더구나 한양에서 고향인 장성까지 가려하니 며칠이 걸릴지도 모르고 비용도 없어 선뜻 장례 치를 엄두도 못냈다. 자식들이 있었지만 평소 아곡의 생활습관을 이어받은지라 벼슬을 하면서도 생활은 아곡과 같이 궁핍했다. 사정이 조정에 알려져 간신히 장례는 치뤘다고 전한다.

길가에 세워진 백비 입구라는 진입로를 따라 들어가다 보니 어느 산이나 마찬가지로 여기도 산의 흐름에 따라 좌우 구석구석으로 이런 저런 크고 작은 묘들도 많았고 개중에는 호화롭게 꾸민 묘도 있었으며 백비가 있다는 박수량의 묘소는 오른편 내룡(來龍) 소나무 숲 속에 있었다.

[박수량 묘의 안산]= 도로가 나느라고 산중턱이 잘려있다.

아곡의 묘와 산세를 보니 혈자리는 곧게 내려온 직룡(直龍) 중간에 썼고 앞에는 널찍한 터도 있었다. 묘 뒤의 주산(主山)이나 좌우 용호(龍虎)는 썩 잘생기지는 않았으나 그런 대로 괜찮게 생겼으며 흠을 조금 잡자면 청룡이 짧은 것이다. 그리고 앞에 보이는 안산은 겹겹으로 싸여 더 없이 좋았는데 여기도 한 가지 흠인 것은 묘가 있는 당판 앞에서 볼 때 아곡리로 넘어가는 첫 째 안산(案山), 그러니까 내안산(內案山)이 중간이 잘려 용단(龍斷)이 된 것이다. 전에 그러니까 옛날에는 사람들이 지나다닌다 해도 오솔길에 지나지 않아 별 문제 없었겠지만 지금은 도로가 나느라고 반으로 뚝 잘린 형태의 용단이 되어 여간 보기 흉한 게 아니다. 세월이 변하니 어쩔 수 없는 일이지만 안산 용단이 저러하면 여간 해로운 것이 아니다.

아곡 박수량의 묘소를 돌아보고 내려오는 길에 필자에 가슴에 와 닿는 것은 지금 시대 정치인들이다. 지난 선거 때 국민들이 싫다고 맨꼴찌를 만들었는 데도 민의(民意)는 아랑곳없이 어떻게 하면 백성들이 낸 혈고(血膏)로 자신들의 삶을 더 풍요롭게 누리나 하는 물욕(物慾), 권욕(權慾)에 개기름 줄줄 흐르는 후흑(厚黑), 권간(權奸)들과 추종자들은 모략정치, 이권개입, 국민기만, 골프장 출입에 수작들이나 부리며 합당(合黨)과 파당(破黨)을 밥먹듯 하고 있는 것이다.

이런 것을 볼 때 여기 참으로 진정한 淸白吏 忠節人物(청백리충절인물) 박수량이 잠들어 있다는 것. 아마도 공직자의 표상이 아닐까? 그 박수량의 묘소가 수도권 가까이 있었으면 하는 아쉬움을 간직하며 산을 내려왔다.

아곡의 묘소를 보고 내려오며 시계를 보니 벌써 해는 중천에 올라 정오가 지나고 있었고 배에서는 시장기가 돌았다. 금강산도 식후경이라고 우선 밥부터 먹고 보자고 장성읍내로 들어가 한식 뷔페식당을 찾았다. 뷔페식당을 찾는 이유는 설렁탕이나 된장찌개 값에 종류는 훨씬 많아 빨리 많이 맛있는 음식을 골고루 먹기 때문이다. 그렇다고 필자의 배가 소밥통[牛腹]처럼 크다거나 영원히 사귈 수 없는 목포산 홍어회를 찾아다니는 것도 아니다.

식당이야기가 나왔으니 객지에 나오면 흔한 게 식당이지만 막상 입에 맞는 식당을 찾는 것이 쉬운 일이 아니다. 더구나 그 고장을 자랑하는 대표적인 음식이라고 건물과 간판만 보고 들어갔다가는 불결한 위생과 값만 비싼 저질 음식에 실망하기 십상이며 여기에 비하면 그래도 뷔페식당은 훨씬 낫기 때문이다. 그리고 이렇게 돌아다닐 때는 먹는 것만은 제때제때 챙겨먹고 다녀야지 그렇지 않고 목적지를 먼저 보고 와서 먹는다거나 나중에 먹지하고 미뤘다가는 생각 외로 산이 높거나 볼 것이 많아 때를 놓쳐 낭패를 보기 십상이다.

그런데 어찌된 일인지 장성읍내를 모두 뒤지며 돌아다녀봐도 뷔페식당이란 간판이 눈에 띄질 않는다. 경상도도 아니고 음식의 본고장인 전라도에 와서 건방지게 식당을 고른다고 속으로 중얼거리며 돌아다니다가 마침 길가 가게 앞에 주류배달 차와 기사가 보이기에 뷔페식당 있는 곳을 물으니 술 궤짝을 장난감가지고 놀 듯 싣고 내리던 기사는 한쪽 손으로 코를 횡하니 풀더니 하늘을 한 번 바라보곤 코맹맹이 소리로 장성엔 그런 곳이 없다고 도리질을 한다.

그리고 이어하는 말은 뷔페식당을 꼭 가려면 저 아래 시멘트공장 옆 고가도로를 지나 동화 쪽으로 곧장 가면 얼마 안가 왼편 길가에 있다고 하는데, 기사가 가르쳐준 그 길은 아침에 갔던 길로 조금은 멀다고 느껴지는 거리지만 그래도 반가운지라 차를 돌려 찾아갔다.

점심을 먹고 나니 배도 부르고 날씨도 좋은지라 혼자 듣기에도 민망한 콧노래를 흥얼거리며 서삼면으로 갔다. 서삼면도 장성군 관내로 울산 김씨들의 묘가 많기 때문이다.

울산 김씨와 김성수

울산 김씨와 김성수

장성 황룡면에서 하서 김인후 선생의 묘와 아곡 박수량의 묘 등 여러 군데를 보고 서울로 올라와 원고정리를 하다보니 겨울이 다 가고 있었다. 봄이 왔기에 다시 장성엘 다녀오려고 마음먹고 있는데, 날씨가 왜 이리 변덕을 부리는지 바람이 불지 않으면 날이 흐리고, 날이 흐리지 않으면 안개나 박무(薄霧)가 끼어 나들이하기에는 영 불편한 날씨가 연속적으로 이어지고 있었다. 하늘을 원망할 수도 없고 이럴 땐 참고 기다리는 것이 상책이라 기다리고 기다리던 차에 날씨가 허락을 하여 절기를 보니 곡우(穀雨)였다.

언제나 그렇지만 먼길은 차가 밀리지 않는 새벽에 떠나는 것이 좋은지라 아침 일찍 집을 나와 고속도로를 타고 달리다 보니 어느덧 장성 가까이 백양사 게이트가 눈에 보인다. 게이트를 빠져나와 오른편으로 돌아 오월리를 조금 지나가

니 눈앞을 가릴 정도로 높은 산을 깎아 길을 낸 곰재 고개
가 나왔다.

곰재 고개 정상에 오르니 눈앞에 펼쳐지는 전경이 얼마나
좋은지 잠시 차를 멈추고 사진을 찍었다. 그리고 고갯길을
내려가니 곧 강원도 깊은 산골길 같은 꼬부랑길 오른편으로
장성댐의 호수가 보인다. 그 호수가로 난 길을 따라가니 백
양사 방향이라는 길과 함께 북하면 면소재지가 나왔다. 여
기서 복흥면으로 가는 표지판을 따라 가다보니 지금까지 지
나온 곳보다 더 험한 산세와 골짜기를 따라 이어진 구불구
불한 길이 마치 대관령을 넘는 기분이 들 정도였다.

대관령 길 같다고 한 표현이 과장된 표현일까? 어쨌든 몇
번의 구불구불한 비탈길을 따라 오르면 이내 산 정상이다.

곰재에서 바라본 입압산 산세

역시 앞 멀리 보이는 산세가 하도 좋아 길가 한구석에 차를 세우고 바라보니, 무서울 정도로 회오리를 일으키며 용트림 친 입암산과 백암산이 눈앞에 솟아 있고, 그 산들을 따라 맴돌던 우렁찬 산세와 줄기는 동으로, 남으로, 그리고 서쪽으로 각각 제갈 길을 찾아가니 순창과 장성과 고창이다.

산세가 얼마나 회오리를 치는지 마치 전쟁터에서 수십만의 병사들이 두 장수 아래서 격전을 벌이는 형상을 연상시키니 참으로 별 산세가 다 있다는 것을 느끼게 하는데, 그 산세를 왼편으로 하고 다시 길을 가면 여기서부터는 고원지대인 순창군 복흥면이다.

올라올 때와는 달리 경사도가 낮은 길을 따라 내려가며 중간 중간에 차를 세우고 일하는 사람들에게 하서공 후손인 울산 김씨들의 묘소가 있는 화개산의 위치를 물었으나 모두 모른다는 대답뿐이었다.

이름과 벼슬 하나의 차이가 이렇게 크단 말인가!

장성에서 하서 김인후 선생의 묘소위치를 물었을 때는 어린아이들까지도 모두 알고 가르쳐 주었는데, 여기서는 모두 모른다니 유명인이 아니라서 그런가보다 하고 면소재지에 들어가 물었다. 그것도 나이 좀 들어 보이고 관내를 잘 알 만한 사람에게 말이다. 외지인의 이상한 물음에 여러 사람들이 와서 귀를 기울이고 들었으나 뚜렷한 대답이 없었다. 밖으로 나와 길 건너 약방에 들어가 물었다. 금방 약효가 나왔다. 바로 앞 길 오른편 길을 주욱 올라가다 어디 어디로 해서 어떻게 가면 화양리라고도 하고 반월리라고도 하는

울산 김씨 화개산 선산 안내비

마을이 있는데 거기에 있다고 했다. 대답을 듣고 나와 가르쳐 준대로 곧장 길을 따라가니 앞에 제법 높은 산이 나타났다.

항상 그렇지만 명당이란 두 글자는 큰산에 있고 그래서 저 산아래 어디쯤 있을 거란 짐작을 하며 그냥 마을로 들어서서 농로를 포장한 좁은 길로 올라가니 왼편 산밑 길가 한편에 돌에다 새긴 "蔚山金氏華蓋山先山(울산김씨 화개산 선산)"이란 안내석이 나타났다.

제대로 찾아왔다는 마음에 산자락 밑으로 난 좁은 길을 먼지와 함께 털털거리며 더 올라가 모퉁이를 돌아가자 이번엔 오른편 밭가에 다듬지 않은 자연석 돌에다 역시 울산 김씨 화개산 선산이란 글씨를 쓴 안내판이 하나 더 보인다.

입구에서 보이는 화개산과 묘

그리고 그 안내석 뒤편으로 큰 기와집[華山齋=화산재] 재실
이 보이고, 민가와 비닐하우스도 있었다. 그 민가와 비닐하
우스를 삥 둘러싼 높은 산 중턱에 가운데를 기준으로 해서
아래로 주욱 내려 쓴 묘들이 보였다.

재실 앞으로 난 길을 뒤로 돌아가 넓은 밭두렁에 차를 세
우고 주위를 한 번 돌아보니 올려다 보이는 산을 기준으로
해서 왼편의 산은 강하고 힘차게 오른 반면 왼편의 산들은
둥글둥글하게 생겼다.

곧장 산으로 올라가려다 마침 밭에서 거름을 펴는 노인
한 분이 보이기에 가까이 다가가서 인사를 하고 산과 묘의
사진을 좀 찍겠다고 하였다. 하던 일을 잠시 멈춘 노인은

어디서 왔느냐, 무엇하는 분이냐, 우리와 같은 울산 김씨냐
는 등 이것저것을 물으시곤 자신은 하서공의 10대손 되는데
이곳에서 묘를 관리하며 살고 있는 김요진(金堯鎭)이라고
자신을 밝혔다.

봄 날씨 따사로운 햇볕을 받아 쑥과 망초 그리고 이름모
를 새싹들이 푸릇푸릇 돋아나는 밭가에 풀썩 주저앉은 필자
는 두서없이 궁금한 것들을 물었다. 그러자 김옹은 가끔씩
어떤 사람들이 찾아와 필자처럼 묻는다며, 산의 이름은 화
개산이고 산의 형국은 봉황이 알을 품고 있는 것처럼 생겨
비봉포란형(飛鳳抱卵形)이라고 한다고 말했다. 앞에 있는
둥근 산들은 봉황의 알로, 그래서 산의 이름도 동쪽에 있는
산은 동란(東卵), 그 옆에 있는 것은 서쪽이어서 서란(西
卵), 남쪽으로 있는 산은 남란(南卵)이라고 부른다고 했다.
그리고 그 알봉산의 덕으로 오늘날 울산 김씨들이 번성을
하고 있다는 것, 그리고 이제 올라가려는 묘소에 가보면 알
겠지만 역장(逆葬)으로 쓴 묘도 있는데, 그 내력까지 소상
히 알려 주었다.

이야기가 무한정 이어지고 있었지만, 이러다간 가장 사진
찍기 좋은 시간을 놓치겠다 하여 양해를 구하곤 묘들이 있
는 산으로 올라갔다. 조금은 가파르다 싶을 정도로 느껴지
는 비탈산을 천천히 올라 맨 위 묘 앞에 이르러 숨을 가다
듬으며 전면을 바라보니 발아래 펼쳐진 전경은 필자만이 느
끼는 기쁨과 감탄과 희열이었다. 이런 산세를 보면 감탄을
안 하려야 안 할 수 없고, 또 할 줄 모른다면 이는 맹인풍

알봉산

수나 다름없을 것이다.

　도대체 어디서부터 어디까지를 어떻게 읽어야 할 지 사방을 뺑뺑 둘러보니 각양각색의 산 모양[귀사]들이 눈을 어지럽게 만들고 있어 눈을 돌려가며 머리 속에 하나 하나 기억을 시켰다. 그리고 아래서 듣던 대로 가까이 가지런히 놓여 있는 알봉산들과 그 사이에 있는 명당수를 비롯하여 멀리밖으로 보이는 산봉우리들은 금목수화토 오형을 닮은 데다 귀인을 뜻하는 정승판서들의 감투봉[幞書峰]과 뿔갓 모양의 정자관(程子冠)을 닮아 줄줄이 이어있고 다른 한편으론 연(輦=임금이나 정승이 타는 가마)과 말안장[鞍裝]을 닮은 사(砂)도 있었다. 한가지 아쉬운 것은 나뭇가지들이 눈앞을 가려 사진을 찍을 수 없어 그 모습을 생생하게 독자들에게 전하지 못하는 것이다.

그렇다. 여기서 말하는 저 알봉산들은 무엇인가? 필자가 쓴 책마다 왕후장상이나 귀인의 무덤 앞에는 꼭 저런 것이 있다고 지겹도록 설명한, 저 둥근 산들은 바로 하늘이 내린 옥인(玉印)이 아닌가! 그런데 여기는 한둘이 아닌 세 개씩이나 가지런히 있으니 도대체 이런 자리가 대한민국 안에 또 어디 있단 말인가? 남사고처럼 명당에 욕심 있는 자라면 밤중에 조상의 유골을 파다가 도장이라도 시도 해볼 만큼 탐이 나는 자리가 여기가 아닌가! 이런 자리에 조상을 편히, 아주 편히 모신 울산 김씨들에게 부러움과 찬사를 보내지 않을 수 없다.

청명한 날씨와 시야에 펼쳐진 산세를 부러움과 감탄, 감탄과 부러움을 연발하며 둘러본 다음 천천히 내려오며 써진 묘들을 보니 맨 위는 김창하(金昌夏)의 묘를 시작으로 남중의 부인 함풍 이씨, 그리고 남중(男重)의 묘 순으로 되었는데 맨 위 창하는 남중의 손자이다. 그러니까 할아버지와 손자가 역장(逆葬)을 하여 쓴 것이다[南重→ 亨福→ 昌夏].

산으로 오르기 전 이야기를 나누던 할아버님이 계신 밭으로 내려와 간다고 인사를 하자 할아버님은 일손을 멈추고 하늘을 보더니 "아니 때꺼리가 됐는거 같은디, 요기라도 하고 가시지 그냥 가심 어떡한당." 하며 집으로 들어가자고 손짓을 하신다. 꾸밈없는 김씨 할아버님 말씀에 우리네 인정은 이런데서 나왔지 생각하니 왠지 코끝이 찡해온다. 진심으로 허리를 구부렸다 펴며 인사를 하곤 마을을 나왔다.

여기서 특이한 것은 화개산(華蓋山)이란 산 이름이다. 화개란 말은 풍수에서도 쓰이나 인간의 운명을 보는 데서도 쓰이는데, 이때는 살(殺), 그러니까 화개살(華蓋殺)이라고 한다. 꽃 화[花] 자를 쓰는 사람도 있으나 같은 뜻이다.

뜻은 태어난 사주 연월일시(年月日時)에 지지(地支)가 진술축미(辰戌丑未)인 사람들이 화개살인데 이런 사람은 조직과 남의 구속을 싫어하고 까다롭기 그지없다. 또 가리는 것과 따지는 것도 많아 고달프고 피곤한 사람이며 독자적인 직업을 갖는다. 그래서 예술가나 중, 무당, 종교인, 술사(術士)가 많고 가정을 영위하지 못해 과부 홀아비 등 독신으로 살아가는 사람들도 많은데, 빈약한 사주의 소유자는 남녀 공히 평생을 하급 화류계통에서 헤어나질 못한다. 이것이 화개살이다.

그런데 여기서 보는 화개는 인간의 뱃속에 들어있는 오장육부(五臟六腑)의 하나인 폐(肺:허파)를 화개라 한다. 상부지관(相傅之官)이며 기지본(氣之本)인 폐는 가슴 안쪽 양편으로 길게 늘어져 위와 심장을 싸고 있으면서 호흡기능을 주관하는데, 다른 장기와는 달리 병에 걸리면 아주 치료가 어렵다. 즉 간(肝)이나 위장(胃腸)같은 장기는 초기 암이라도 잘라 내거나 약물 수술로 치료가 가능하지만 폐암은 그냥 죽고 만다. 바로 이 폐와 닮은 산을 화개산이라고 한다.

풍수에서 사용하는 화개는 성(星)· 산(山)· 형(形)의 위치로 나누는데 원문을 보자.

華蓋星=乃龍峰本身前面[내용봉본신전면]

貼生兩護[첩생양호]

共成三峰[공성삼봉]

同形卓立[동형탁입]

中峰高左右兩峰低[중봉고좌우양봉저]

有如品字之形[유여품자지형]

中峰者正龍也[중봉자정용지야]

左右兩峰爲輔弼[좌우양봉위보필]

三峰端正秀麗[삼봉단정수려]

尖則皆尖 圓則皆圓[첨즉개첨원즉개원]

方則皆方야[방즉개방야].......

즉 용봉 본신(龍峰本身)이 전면이나 양쪽에 붙어 있기도 하고, 혹은 똑같이 봉이 세 개 솟아 있기도 하며, 혹은 가운데 봉은 높고 양편의 봉은 낮기도 하며 품자(品字)처럼 생긴 것도 있다. 이때는 가운데 봉을 정봉(正峰)으로 본다. 봉(峰)의 생김은 같아야 하는데 뾰족하면 모두 뾰족하고 둥글면 모두 둥글어야하며 모가 나면 역시 같은 모양이라야 한다. 단정 수려한 것을 최상품으로 본다. 이것이 성(星)이다.

다음으로 화개를 붙이는 것은 산이 처음 생기는 태조산(太祖山). 정상 부분에 연못인 위룡지(衛龍池)가 있으면 보전(寶殿)과 용루(龍樓)라 한다. 天漢(천한:은하수)라고도 하는 이곳에는 용이 숨거나 잠기는 곳으로 그 산 아래를 화개성이라 한다.

그리고 산 모양이 금방 날아오르는 봉황이나 독수리 날개처럼 생긴 산[形]을 화개산이라 하는데, 날개를 편 길이가 [翼長] 담장이나 벽[如墻 如壁]처럼 생겨야하고 두터워야 [厚帳]하며 이런 곳에 집이나 묘를 쓰면 신동(神童)이나 장원급제[一等科] 후손에 부귀가 끝이 없다[富貴長久].

그러니까 이곳 산 이름을 화개산과 봉황포란형이라고 하는 것은 산세와 앞의 알봉을 보아 그렇게 지은 모양인데, 여간 잘 생긴 것이 아니다. 혈자리는 주둥이 부분[穴在嘴= 혈재취]과 가슴부위[穴在胸臆=혈재흉억]에 있다.

화개산과 마을에서 내려오니 점심때가 지나고 있었다. 다시 면소재지로 나와 늦은 점심을 먹고는 어디로 갈까하다가 순창에서 유명하다는 회문산 쪽으로 가기로 했다. 원래는 고창 선운사로 가려고 했던 것이다. 거기엔 유명한 선운산 내에 오늘의 주인공인 울산 김씨 김요협의 묘가 있기 때문인데, 거기까지 가자면 날도 저무는 데다 시간이 애매할 것 같아 이왕 온김에 순창 산세도 살피고 쓸만한 자리도 찾을 겸해서 돌아보기로 했다.

쌍치복흥, 복흥쌍치면은 산줄기 하나의 차이라 차가 닿는 곳까지 돌아다니며 산세와 경치를 본 다음 구림면으로 와 회문산을 본 후 전주로 나가 숙소를 잡고 여장을 풀었다. 하루를 쉬고 내일은 고창 선운사를 가보기 위해서이다.

밖에 나와 잠을 자면 아무리 편히 잔다 한들 집에서 자는 것만큼 편할까? 밤새도록 떠드는 주정뱅이와 부릉거리는 오토바이 소리에 뜬눈으로 새우다시피 하다가 아침 6시 뉴스를 보고 숙소를 나왔다. 무슨 군상들이 밤새도록 그렇게 떠들어대는지? 그런데 밖에 나와보니 모든 업소는 문이 닫혔고 도깨비들이 놀다 갔는지 조용하기만 했다. 두 번 다시 찾고 싶지 않은 곳이라 생각을 하며 차를 몰아 김제시로 갔다. 그곳에 사시는 박정렬씨와 동행을 하기 위해서였는데 박 선생님은 오랜 교우에다 이 근처 지리를 잘 아시고 풍수에도 깊은 취미를 갖고 계시기 때문이다.

두 사람이 탄 차는 고속도로로 접어들어 잠시 달리다 정읍 게이트에서 빠져나와 30분 정도를 가니 어느덧 선운산과 함께 선운사 입구가 보였다. 그토록 와보고 싶었던 선운산을 눈앞에 보고 있으니 꿈만 같았다. 선운산은 울창한 나무숲과 기암괴석, 그리고 도솔계곡에 가을이면 단풍까지 가세하여 너무나 아름답고 그 산 안에 있는 선운사 절 또한 빠질 수 없다. 신라 진흥왕 때 처음 세웠다는 설과 577년 백제 위덕왕 때 검단선사가 창건했다는 두 가지 전설을 간직하고 있는 선운사는 한창 융성할 때는 89개의 암자와 삼천여 명의 승려가 있었다고 하니 그 규모가 어떠했는지 가히 짐작할 만하다 그러나 지금은 모두 없어지고 선운사와 도솔암과 동운암 그리고 창담암과 석상암만 남아있다.

이렇게 산과 절이 너무나 아름다워 미당 서정주 시인이 읊은 시가 있다.

선운사 골짜기로

선운사 동백꽃을 보러갔더니
동백꽃은 아직 일러 피지 안 했고
막걸리집 여자의 육자배기 자락에
작년 것만 상기도 남았습니다.
그것도 목이 쉬어 남았습니다.

입구 주차장에 차를 세우고 일주문을 지나 절 안으로 들어서니 꽤나 걸어야 하는 길이었다. 왼편 제법 넓은 냇가를 끼고 걸어가자 양편으로 길게 늘어선 웅장한 산세와 그 아래 오른편으로 길게 늘어서며 터를 잡은 사찰 건물이 보인다. 매표소에서 가르쳐준 대로 행각 앞을 지나 건물이 끝나는 지점에 서니 길은 좁아지며 왼편 다리 건너로 가는 길도 있고 위로도 있으며 오른편으로는 아무것도 심지 않은 자갈밭과 그 사이 오솔길이 보인다.

길이 여러 갈래라서 어느 길로 가야하나 하고 두리번거리다가 그중 앞에 있는 길이 넓어 보이고 또 묘소는 사찰 건물과 가깝게 있을 것 같지 않아 더 올라갔다. 그러나 물가를 같이한 길은 점점 좁아지고 험한 것이 묘소가 있을 것 같지 않고 또 있다해도 문중에서 이런 길을 다닐 것 같지 않아 조금 전 여러 갈래 길이 있던 곳까지 되돌아 나와 스님이라도 보이면 물으려고 두리번거리니 저만치 있는 한쪽 건물 안에서 부인네들 말소리와 그릇 부딪치는 소리가 들려 뛰어가 보니 공양주 차림의 아낙들이 일을 하고 있었다.

군더더기 없는 말로 묘소의 위치부터 물었다. 연세가 들어 보이는 한 부인이 밖으로 나오더니 손으로 가리키며 요기 빨래 널린 곳으로 해서 올라가다 보면 왼편으로 오래된 절 건물[백련암]이 있으니 그 건물을 끼고 뒤로 가면 있다고 가르쳐 주는 것이다.

할머니가 가르쳐 준대로 천연기념물 184호인 울창한 동백나무 숲 아래로 난 길을 지그재그 올라가다 왼편의 재실 같기도 한 퇴락한 건물이 보여 앞으로 가 보니 아무도 살지 않는지 조용했다. 나중에 알고 보니 원래는 백련암이었던 것을 문중에서 사들여 오늘에 이르고 있다 한다.

퇴락해 가는 건물과 가후장(家後葬)을 생각하며 담장을 끼고 뒤편으로 돌아 올라가다 보니 요협의 이력을 적은 비석이 있어 사진을 찍으려 했으나 그늘이 너무나 지고 침침해 사진이 나올 것 같지 않아 그냥 산으로 올랐다.

[家後葬]=글자 그대로 집 뒤에 묘를 쓰는 것을 말하는 것으로 한 내룡에 집이 있고 그 집 뒤에 묘를 쓰거나 혹은 묘 뒤에 집을 짓거나[葬後家] 하면 먼저 쓴 사람이 꼭 망한다[必亡].

목적지에 오면 항상 가슴이 후련한 법, 숲 속 널찍한 곳에 자리 잡은 요협공 묘 앞에 서니 가슴이 다 시원했다. 몸도 불편하신 박 선생님도 땀을 잔뜩 흘리며 올라와 두 사람은 잠시 땀을 식히며 산세와 봉분을 살폈다. 둘레석을 친 봉분은 사찰이나 재실 지을 때 지대석이나 계단석으로 사용하는 체석(砌石)을 三段으로 하여 원형으로 꾸몄고 앞에는 상석과 비석에 "嘉善大夫侍從院副卿蔚山金公號樂齋諱堯莢之

요협의 묘

산신지위 제단

墓(가선대부시종원부경울산김공호낙재휘요협지묘)"라고썼으며 석등과 좌우로 문인석 그리고 촛대석도 세웠다.

묘소를 보고 안산도 보니 안산이 너무 잘 생겨 좀 더 정확히 보기 위해 뒤쪽으로 올라갔다. 그런데 왼편에 산신제를 지내는 제단이 있었는데, 특이한 것은 거의가 산신제단은 흉내만 내고 형식적으로 만드는데 여기는 아주 정성이 들어간 제단으로 "산신지위(山神之位)"라고 쓴 비석에다 두꺼운 상석, 그리고 "品"字 형의 향로석엔 무늬까지 새겨 만들었다.

이런 곳에 오면 으례 하는 일은 길흉을 보는 재혈법이다. 사대국(四大局)을 보려고 물이 들어오는 득수처와 나가는 파구(破口)를 살폈으나 좌우로 나무가 너무 무성하게 우거져 있어 정확히 볼 수가 없었다. 그러나 상석에 신좌(辛坐)라고 쓰여 있어 이것을 기준으로 해 볼 땐 경입수(庚立首)·신좌(辛坐)·사득(巳得)에 간인파(艮寅破)가 맞을 것 같으며 이렇게 되면 이 자리는 전부 고귀(高貴)한 벼슬이 나오는 자리가 된다.

여기서 특이한 것은 주산도 주산이지만 안산(案山)이 더 특이하다. 마치 왕관봉을 연상케하듯 넓게 펼쳐진 산세는 오른편에서 좌로 일정한 거리를 두며 불쑥 불쑥 솟아올라 오봉(五峰)을 만들며 水口쪽으로 나갔다. 풍수에서는 이러한 안산을 대단한 일품으로 본다. 지가서(地家書)에 보면 하늘에는 별, 땅에는 산봉우리의 천성지봉(天星地峰)이라 해서 하늘의 정기를 제일 먼저 받는 것이 산봉우리다. 그리고 형(形)은 화형(火形)에 관(冠)으로 보는 것이니 관(冠)은 벼슬이라 후손들의 벼슬길이 끊임이 없는 것이다.

그리고 귀사론(貴砂論)이나 안산론(案山論)에 보면 잘 생긴 산봉우리가 하나는 한사람의 정승을 낸다는데 여기는 봉우리가 몇이던가. 일봉(一峰)은 일공출(一公出)이요, 이봉(二峰)은 이공출(二公出)이요, 삼봉(三峰)은 세 명의 정승이 나온다는 삼공출(三公出)인데, 여기는 다섯의 봉우리[五峰]가 솟아 있으니 오공출(五公出)이 아닌가. 필자의 턱은 너무 가벼워 이런 산을 보면 벌어진 입이 다물어지질 않는다.

긴 文句는 지루하니 짧은 문구를 보자.
一峰秀出登卿相[일봉수출등경상]
五峰列筍五朝臣[오봉열순오조신]
或奇或筍有相連[혹기혹순유상련]
黃金白玉常奢侈[황금백옥상사치]

설명은 수려하고 잘 생긴 봉우리 하나는 재상에 오르고 다섯 개의 죽순이 줄을 이어 솟은 것처럼 산봉도 다섯 봉이 있으면 다섯 명이 재상에 오르며 혹 기이하거나 혹 죽순처럼 생긴 봉이 줄을 이어 있으면 집안에 황금백옥이 항상 가득하고 사치를 누린다.

이상은 안산의 봉을 설명한 것이다. 그런데 말을 바꾸자면 안산(案山)도 안산이지만 주산(主山)이 또 문제(?)로,

[안산 五峰 모양]설명=나뭇잎에 가려 아쉽게도 오봉의 모양은 보이질 않는다.

병풍처럼 생긴 산-요협묘 뒤의 주산이다.

그냥 봐 넘길 수 없는 입수(入首) 겸 주산이다. 혈자리에선 잘 보이지 않아 절 법당 앞마당으로 와서 올려다봐야만 하는 주산은 깎아지른 암산으로 길게 내려 온 것이 마치 대궐 어전(御殿)에서 임금이 둘러치는 병풍, 즉 어병(御屛)과 날개를 편 봉황의 모습과 같은 봉황책(鳳凰柵)을 닮았는데 아쉬운 것은 주산이 혈자리를 둘러싸 주는 후위포(後衛包)를 못하고 끝자락 내룡에 위치한 것이다. 만일 도솔산의 산세가 조금 더 나가 오른편까지 둘러치고 청룡산세와 이어졌더라면 인촌(仁村)은 부통령으로만 끝내는 것이 아니고 좀 더 높은 자리, 그러니까 지금 청와대의 전신인 경무대(景武臺)의 안주인까지도 되었을 것이다. 그리고 또 하나 잘됐다고 느낀 것은 산세의 강한 힘과 혈자리다.

필자는 어느 장지(葬地)에 갔다가 나서기 좋아하는 사람의 빈정거리는 말을 들은 적이 있었는데, 땅파는 지실(地室) 작업 구경을 하던 사람들 말이 묘자리는 양지쪽 평평한 곳에 물 안나면 그게 명당이라는 말을 들었다. 어느 곳에나 입맛 떨어지는 잔소리꾼 풍수들이 있게 마련이지만 사실 이런 풍수들 때문에 오늘의 풍수가 혼탁해지고 있는 것인데 말이 양지쪽 평평한 곳이지 그 자리는 어떤 자린지 모르며 떠드는 것이다.

이런 풍수들이 여기 요협공 묘에 오면 또 뭐라고 떠들지는 모르나 사실 이런 산은 극히 드문 산으로 그 힘이 대단하다.

조금 다른 말을 하자면 우리 사람들의 얼굴을 보는 관상

학에서 빈부귀천강약(貧富貴賤强弱)이 있듯 산에도 이런 것
이 있고 이것을 볼 줄 알아야만 산의 運도 볼 수 있다.

즉 산에도 산상[山相]을 보는 법이 있으니,

산이 후덕하고 잘생겼으면 부(富)의 形이고

높고 미려하게 잘생겼으면 귀(貴)의 形이며

주변의 산을 위압하듯 홀로 솟아 생겼으면 존(尊)의 形이
다.

높거나 낮은 산에 크고 작은 바위가 아무렇게나 엉키듯
생겼으면 조상을 욕 먹이는 악(惡)의 形이고[살인 강도]

이리저리 끊긴 낮은 산은 아주 가난한데다 병고(病苦)에
시달리는 극천(極賤)의 形이며

높은 산을 올려보며 아부하듯 생긴 산은 조상과 후손의
명성을 더럽히는 비천(鄙賤)의 形이다.

높은 산아래 힘 약한 산은 후손에게 미안한 비천(卑賤)의
形이며

산이 强하면 자손도 强하고 산이 弱하면 자손도 弱하다.

산이 富하면 자손도 富하고 산이 貧하면 자손도 貧하다.

여러 산세 중에서 홀로 배반을 하여 역(逆)으로 흐르는
산은 역적이 나오거나 불구자가 나온다.

이상이 기본적인 산상(山相)의 설명으로 산이 잘 생긴 전
자는 부귀의 삶을 뜻하는 산세이고 못생긴 후자는 후손들
삶이 만년 따라지 인생살이 아니면 밑바닥 삶에서 헤어나지

못한다는 뜻이다.

여기 요협의 묘자리를 기준으로 해서 주위의 산들을 보면 위 설명대로 전부 조상과 후손의 명예를 지켜주는 부귀지존(富貴至尊)의 形이고 좀처럼 찾기 어려운 자리다.

다음은 혈자리를 정혈(正穴)에 제대로 잡았다는 것이다. 정혈이라고 해서 이상하게 생각하는 독자들도 있겠지만 사실 전국의 산을 돌아다니다 보면 많은 묘들이 정혈을 옆에 두고도 엉뚱한 곳을 파고 쓴 것을 보게 된다. 물론 여기에는 풍수학문의 무지나 양심을 저버린 지관들의 작품, 그리고 명당이고 개뿔이고 아무것도 볼 것 없다는 불신론자들의 고집 때문이기도 한데 이런 것들을 볼 양이면 참으로 아까움과 실망스러움을 느낀다.

이렇게 쓴 묘들을 여기서 모두 열거할 수는 없지만 한 예로 용처럼 길게 내려온 산세가 있을 경우 자리는 거의 산줄기 끝 부분 정 중앙에서 찾는다. 그런데 그러지 않고 중앙을 벗어나 옆쪽에다 여기 저기 주욱 쓰는데 이는 정혈이 아니며 이렇게 되면 氣를 얻지 못해 쓰는 족족 망하는 백장백망지지(百葬百亡之地)가 되고, 쓰라고 시킨 지관 역시 망한다.

여기서 형국론 몇 가지 기본적인 예를 보면 마상귀인형(馬上貴人形)이나 출전 장군형(出戰將軍形)의 자리는 거의 비슷해 말의 머리 부분[穴在頭]과 옆구리 배 부위[穴在腹]가 되지만 산세가 강하면 배 부위가 더 명당이다. 이는 장군이 출격을 할 때는 채찍과 발로 말의 배를 힘껏 차기 때문에 발복이 빠르다는 것이며 이 때는 마지복(馬之腹)이라 한다. 이때도 자리가 허리부분인 갈비살 부위인지 확실히 살펴야 한다.

이상이 요협공 묘의 설명이며, 자리는 강하고 힘찬 산세의 모든 기를 끌고 내려온 내룡(來龍)하나에 부부합장(夫婦合葬)도 아닌 독장(獨葬)으로 있어 그 산들의 대단한 지기(地氣)를 받으니 울산 김씨들의 가문을 빛내게 한 것이다.

끝으로 우리나라 서해안 바닷가에 위치한 선운산의 산세는 단순히 선운사 절만을 짓기 위해 생긴 산이 아니다. 필자는 저서인 "재미있는 풍수이야기"이란 책에서 우리나라 형국과 산맥과 지세(地勢)를 논한 부분이 있는데, 그 부분 중에 서해는 평지가 많아 나라의 기운이 새는 설기(泄氣)가 되는 것 같지만 실은 산들이 많아 그 설기를 막아준다고 했다.

그 산들이 부안에서 고창을 지나 영광 쪽으로 내려가며 있는 산들로 모두 노령산맥의 지맥들이며, 바다를 접하는 곳까지 내려와 용트림의 자세로 뭉치고 뻗치고 했는데 모두가 머리를 바다가 아닌 내륙으로 향하고 있고 그 중 제일 아름답고 큰 산세를 지닌 산이 선운산이다. 청룡산 비학산과 줄기를 같이 하고 있는 선운산은 아름답기도 하지만 풍수에서 보는 산세는 너무나 강하고 힘이 있어 보인다. 서해안의 다른 산들과 마찬가지로 육지를 향하여 머리를 드리우고 있으며 역시 서해안의 기(氣)가 새는 설기(泄氣)를 막아주고 있는 것이다.

볼 곳도 먹을 곳도 많은 선운산과 선운사 절, 시간이 없어 전체를 보지 못해 아쉬웠지만 다시 찾을 것을 마음속으로 다짐하고 반암으로 향했다.

요협부인 정씨 묘

요협 부인 정씨 묘

선운산에서 낙재공 묘소를 보고 나오며 시간을 보니 정오가 지나고 있었다. 점심부터 먹고 반암에 있는 요협부인 영일 정씨의 묘를 보러 갈까 아니면 반암부터 보고 나서 점심을 먹을까 하다가 박 선생님이 아직 점심 생각이 없다 하기에 반암으로 왔다. 반암 삼거리 길가에서 노인에게 병바우 마을을 물으니 차안의 필자를 본 노인은 많은 사람들이 찾아오는 것을 경험하였는지 얼른 알아차린 모양으로 저리해서 저 길로 들어가라고 가르쳐 준다.

노인의 말대로 길을 따라 고개를 넘으며 앞을 보니 작은 솔밭산과 산 끝으로 집들이 옹기종기 모여 있는 곳에 궁궐처럼 큰 재실이 보인다. 보나마나 저곳일 거라 짐작하고 마을 안으로 들어가 재실 앞에 차를 세우고 문 앞에서 기웃거리며 대문을 밀어보니 문은 잠겨 있고 대신 재실 왼편으로

재 실

담과 붙어 있는 옆집에서 일을 하는 사람들이 보였다. 그들
에게 묘소로 들어가는 곳을 물으니 여기는 잠겨 있어 안 되
고 이 담을 끼고 뒤편으로 돌아가면 거기 작은 문과 그 앞
집에 관리하는 사람이 있으니 그리로 가라 한다.

사람들이 가르쳐 준대로 담을 끼고 반대 방향으로 돌아가
관리인을 찾아 허락을 받고 쪽대문처럼 생긴 대문 안으로
들어가니 약간 언덕진 곳에 큼지막한 봉분이 첫눈에 보이는
데 선운산에서 조금 전에 본 요협의 묘와 똑같이 꾸며져 있
었다.

비석과 상석에 쓰인 글씨를 읽어보고 용머리 뇌두(腦頭)
쪽으로 가서 주변산세를 둘러보니 좌우 사방이 훤하면서도
멀리 있는 힘찬 산세들에 둘러싸여 있다. 사대국(四大局)과
묘운(墓運)은 어떻게 되나 하고 물이 나가는 수구(水口)를

영일 정씨 묘

살폈다. 家門의 부귀빈천(富貴貧賤)과 홍망성쇠(興亡盛衰)
는 수구를 살펴 사대국으로 풀이를 하기 때문이다. 그런 다
음 24방위에서 귀흉사(貴凶砂)도 살피라는 入山則必察貴砂
[입산즉필찰귀사] 말에 따라 주위를 둘러보니 오늘의 울산
김씨들이 저토록 고귀한 삶과 영화를 누리는 것은 묘소주위
를 삥 돌아가며 울타리처럼 둘러싼 산의 만상귀사(萬象貴
砂)에 있었다.

　파고들면 파고들수록 재미있고, 찾으면 찾을수록 홍미로
운 풍수의 귀사들이 얼마나 많은 지 몇 번 몇 바퀴를 돌아
가며 둘러보고 또 둘러봐도 세상에 이런 곳도 있나 할 정도
로 여기저기 원근(遠近)의 산마다 곳마다 우뚝 삐죽 둥글
넓적 평평한 바위와 산봉우리들이 너무나 많아 마치 나라안

묘소 앞에서 보이는 산세

의 귀사란 귀사는 몽땅 여기 한군데다 모두 모아 놓은 것
같아 혀를 내두르고 말았다.

그리고 산세를 보면 낙재공 요협이 묻힌 산세가 남성적이
고 강하고 양(陽)이라면, 여기는 여성적이고 완만하고 음
(陰)으로 생긴 아주 순한 야산이다. 오른편 내백호(內白虎)
는 나지막하니 가늘가늘 내려와 혈 앞에서 멈추었다. 그러
나 너머에 있는 외백호는 내백호의 약한 산세를 막아주기나
하듯 힘차게 휘감고 돌아쳤는데 낙재공의 안산인 오성봉이
여기서는 백호 역할을 하고 있는 것이다.

게다가 같은 산줄기인 구황산에는 옥녀봉을 비롯하여 마
상귀인(馬上貴人)인 안장바위와 사람의 어금니를 닮은 아암
(牙岩) 바위 등이 있고 그 백호줄기는 혈 앞을 향해 내려오

[천계성의 산세]설명= 둥그런 산이 위로 올라가며 계단처럼 생긴 것이 천계성이고
뒤에 어금니 바위와 말안장처럼 생긴 바위가 보인다.

며 천계성(天階星)을 만들었다. 천계성에 대한 설명도 "이런 곳이 명당이다"의 전두환 편에서 자세히 논하였지만, 다시 간단히 설명을 하자면 천자(天子)가 하늘로 올라갈 때 밟고 올라간다는 사다리로, 주위에 이런 천계성이 있으면 그 생김에 따라 제왕지지나 장상지지(將相之地)가 된다. 아주 대단한 귀사인 것이다. 그리고 옥녀봉은 귀한 미인을, 마상귀인은 글자 그대로 귀인을, 어금니 모양인 아사(牙砂)는 자손과 재물과 힘을 말한다.

백호가 있는 오른편을 보고 나서 몸을 돌려 입수주산(入首主山)이 있는 뒤를 보니 주산 또한 기가 차게 생겼다. 마을에서 차일봉(遮日峰)으로 부르는 주산은 금목수화토 오형(五形) 중 토형(土形)으로 생겼는데 이 역시 대부귀의 상징

[차일봉 산]=바로 이러한 산을 차일봉이라 하며 主山이나 案山에 보이면 대단한 富貴를 이룬다.

이다. 탐랑, 염정, 무곡하는 십이성(十二星)으로 볼 땐 거
문토(巨門土)라 하며 생김은 위가 떡모판처럼 평평하거나
사각으로 생겼다. 일자문성(一字文星)이나 벼루[奉硯봉연]
금상(金箱) 천마와우(天馬臥牛)가 모두 토형이다.

멀리서나 가까이 보아 산 위가 각이 지고 평평한 것은 토
형(土形)이라고 하여 자손과 재물을 뜻한다. 운명을 보는
사주(四柱)에서도 토(土)가 왕(旺)하면 갑부(甲富) 을부(乙
富)를 따질 만큼 많은 재산을 모은다. 그리고 옛말에 자식
없거나 궁하면 차일봉 산에 가서 빌거나 정성을 드리면 그
날부터 금세 재물이 모이고 자손이 국수가닥처럼 나온다고
한다.

차일봉이 있는 주산을 본 다음 왼편의 청룡을 보니 內백
호 보단 조금 나으나 중간 산세가 약한데다 도로가 나느라
고 중간에 끊겼다. 그러나 산세가 끝나가는 지점에선 있는
힘을 다해 뭉턱뭉턱 두 봉으로 강하게 뭉쳐있고 그 산이 끝
나는 절벽엔 산에서 떨어져 나온 커다란 바위 하나가 우뚝
하게 솟아 있는데 그 생김이 얼마나 괴이하고 험상궂은지
도둑질이나 서방질하고 달아나던 년놈들이 맞닥뜨리면 위압
감에 눌려 그 자리에 풀썩 주저앉아 싹싹 빌 정도로 험상궂
게 생겼다.

그러나 험상궂게 생긴 것만이 아니다. 조금 아래로 내려
와 자세히 보면 근엄함과 위엄도 내포하고 있어 마치 천당
문이나 지옥문을 지키는 수문장 같기도 하고 한편으론 제주
도의 돌하루방을 닮기도 했다. 풍수에서는 이런 모양의 바

[홀기 괴석]=이런 모양의 바위를 홀기석이라 하는데 풍수에서 차지하는 위치와 비중
은 돈으로 환산할 수 없을 만큼 대단하다.

위를 괴사(怪砂)라고 하는데 더 정확한 것은 笏記石(홀기
석)이라고 부른다. 물이 나가는 수구 양편에 서 있으면 한
문(捍門)이라고도 한다.

홀기(笏記)란 궁궐의 어전에서 회의 때나 종묘나 큰 문중
에서 의식을 치를 때 식순을 적은 것을 홀기라 한다. 재료
는 대나무를 얇게 쪼개서 만든 것도 있고 종이를 두껍게 발
라 만든 것도 있다. 모두 귀한 곳에서 사용되는 것이기 때
문에 풍수에서도 귀하게 보며 이런 바위를 홀기를 읽는 사
람의 모양으로 보아 홀기상(笏記像) 또는 석(石)이라 한다.

홀기 원문 다음과 같다.

수구백척암산고용즉홀[水口百尺岩山高聳則笏]

우차명대수북진성[又此名大獸北辰星]

봉공봉상작대신[封公封相作大臣]

설명은 水口處에 백 척 이상의 높은 바위가 솟아 있으면 홀기라 하고 큰 짐승을 닮은 모양이 있으면 북진성이라고 한다. 모양은 높은 바위가 하나로 솟은 것도 있고 둘이 솟은 것도 있다. 후손이 대대로 벼슬하여 조신(朝臣)에 오르는 이, 삼대(二三代) 또는 삼, 사대 경상지지(三四代卿相之地)가 된다.

[문인 홀기석] =지금 묘앞에 흔히 있는 홀기를 들고 있는 문인석상이다.

또 한문으로 보는 때도 있는데 한문이란 대문 양편에서 지붕을 떠받치는 기둥과 같은 것이다. 水口양편에 있어 漏氣(누기)가 되는 것을 막아주거나 수문장처럼 호위를 하는 역할을 한다. 대단히 중요하다.

=捍門[水口] 歌=

水口의 양편산이 靑龍과 뱀 닮은 龍蛇水口는 公侯之地[공

후지지]요.

　거북과 뱀 같은 龜蛇水口는 大貴之地요.

　특이하게 솟은 바위가 있는 華表水口는 翰林之地[한림지지]요.

　사자나 호랑이가 엎드린 禽獸伏[금수복]의 水口는 出神童壯元之貴[출신동장원지귀]요.

　險惡特異[험악특이]의 北辰 水口는 王侯之地요.

　北辰은 形容이 怪하야 如獅 如虎[여사여호] 或 如龍[여룡] 如將軍[여장군] 如舞鳳[여무봉]하야 水口兩邊對峙兩立[수구양변대치양립]하니 이것이 捍門[한문]이라 만약 見穴前[견혈전]하면 連年如火登官[연년여화등관]하니 이일도 귀찬토다.

　이상은 水口의 捍門을 노래한 것이다.

　=北辰[북신] 原文=.
　北宸者水口間巉岩石山聳拔形象怪異[북신자수구산참암석산용발형상괴이]
　水口在則四海名威赫世公卿王相之地[수구재즉사해명위혁세공경왕상지지]

　북신의 "宸"이란 글자는 제왕이 산다는 집의 이름[帝居屋名]이란 뜻으로 역시 極貴(극귀)를 말한다. 설명은 물이 나가는 수구처에 높이 솟아 오른 바위를 북신이라 하며 이러한 것이 있으니 자손의 부귀영화는 물론 이름을 사해(四海)

[어금니 바위]=풍수에서는 이런 바위를 어금니 바위인 아암[牙岩]이라 하는데 대단히 귀중하게 여긴다. 충청남도 溫陽市가 牙山市가 된 연유도 근처에 어금니 바위가 있어 아산시로 이름지어졌다.

에 떨치는 부귀지문(富貴之門)의 귀사(貴砂)가 된다.

그러나 여기는 귀사들이 수구에 있는 것이 아니고 그렇다고 물이 들어오는 득수(得水)처에 있는 것도 아니다. 언뜻 보면 앞에 흐르는 개천이 득수처나 수구처로 볼 수 있으나 내득수(內得水)는 왼편 청룡 겨드랑이 쪽에서 시작하여 내백호 앞을 지나 홀기석 앞의 큰 냇물과 합수를 하여 외백호 밖 오른편으로 흘러나갔다.

청룡을 보고 나서 멀리 청룡과 백호 사이 정면 중간을 보면 둥그런 산이 하나 보이는데 얼핏보면 거북이 모양의 구사(龜砂) 같기도 하고 옥인 같기도 한데 거북이 무엇을 뜻하는가. 수명장수는 둘째치고 가정의 평화와 다산을 상징하는 것이 거북이다. 문중을 대발복시킨 유명인들의 묘에는 거의 이런 것들이 있듯 그 거북 모양의 작은 동산이 한가운데 자리를 잡고 있는 것이다.

한마디로 여기는 하늘과 땅 물에 있는 진귀한 귀물(貴物)들이 귀금속 보석상의 진열대와 전시장처럼 전후 좌우 둘레로 뺑뺑 돌아가면서 명당의 조건인 북신(北宸), 인(印), 홀(笏), 아(牙), 안장(鞍裝), 그리고 천계성, 옥녀봉, 장군봉, 문필봉, 일자문성의 차일봉이 꽉 들어차고 늘어놓아 마치 하늘의 삼라만상(森羅萬象)을 보는 느낌이다.

필자는 이 글을 쓰느라고 장성과 전주, 순창, 고창, 광주 등지를 다니며 자료를 수집할 때 지방의 풍수가들로부터 전해들은 이야기가 있다. 명당에는 어디나 재미있는 후담(後談)이 있듯 이곳 선운사와 반암에 자리를 잡은 요협공의 자리에도 재미난 이야기가 있는데 혼자만 알기에는 너무 아까워 적어본다.

조령신앙(祖靈信仰)이 절정기이고 조선의 등불이 외풍에 나부끼는 고종 20년쯤의 일이다. 지금의 고창, 순창, 장성군 일대의 풍수가들 귀에는 귀가 솔깃, 코가 벌렁이는 소문이 나돌았다. 고창, 부안에 사는 낙재(樂齋:요협) 대감이 자신의 음택지(陰宅地)를 구하고 있다는 소문과 함께, 명당을 찾는 사람에겐 평생 먹고 살 수 있게 해 준다는, 평생한 번 있을까 말까하는 소문이었다. 단 찾는 자리는 천하대지라야만 된다는 것이다.

소문대로 낙재공이 명당을 구한다는 것은 사실이었으며, 명당을 찾는 까닭은 나이 쉰이 다 되어도 남들처럼 손자들 얼굴 한번, 아니 고추 달린 아이들 하나 안아보지 못했기 때문이다. 아니 더 큰 고민은 대를 끊어 놓는 조상에 대한 무서운 죄였다. 그래서 밤이면 잠을 이루지 못하고 고민을 하게 되었으며 그렇다고 대감에게 아들이 없는 것도 아니었다. 기중(祺中)과 경중(暻中) 두 아들이 있었으나 큰아들 기중의 몸에서는 전혀 소식이 없고, 둘째인 경중도 마찬가지였다. 늘그막에 자연 한숨으로 세월을 보내게 되었고 허전한 마음은 세상 무엇으로도 위로가 되지 않았다.

고민 끝에 자신이 죽은 후에라도 후손이 나오길 바란 낙재공은 산에서 찾기로 하고 전국의 유명하다는 지관들을 불러 들여 자리를 구해 오라고 했다. 이처럼 선견지명(先見之明)이 있는 사람들은 후손들의 미래를 위해 산에다가 보이지 않는 투자를 했고, 그렇지 않은 사람들은 팔자만을 믿다가 후손들의 삶을 그르쳤다.

공황기나 다를 바 없는 시대에 부자 대감댁에서 명당을 구한다는 소문이 퍼지자 많은 풍수들이 몰려들어 저녁이면 잔치집을 방불케 했고 수십간의 사랑방은 이들로 꽉 찼으며 매일같이 가마니 밥쌀이 들어갔다.

차츰 날이 지나자 벌통의 벌들처럼 아침에 나갔던 지관들이 저녁에 들어와 명당을 찾았다며 자신들이 그린 산도(山圖)를 들고 와 대감에게 설명을 했고, 산도를 접한 대감은 마음에 드는 산이 있으면 직접 나서서 답산을 하고 과연 그러한 산인가를 살폈다. 그러나 이들이 명당이라고 하는 산을 아무리 가봐도 쭉정이뿐 그런 산들은 발 밑에도 얼마든지 있는 산들이며 마음을 움직이는 산은 없었다.

추운 겨울 저녁때이다. 머슴 하나가 그들이 묵을 사랑방에 군불을 때고 있는데 걸식 차림의 노인 하나가 찾아와 유숙을 원했다. 머슴은 군말없이 그를 사랑방으로 들여보내고 따듯한 저녁상도 차려다 주었다.

다음날 아침, 밤새도록 제잘난 체 떠들며 북적대던 지관들이 아침을 먹자 또 자리를 찾겠다며 뿔뿔이 흩어져 나간 후 머슴이 방 청소를 하려고 방안으로 들어가 비질을 하는데 한쪽 구석에 노끈으로 맨 작은 두루마리가 보였다. 비질을 하던 머슴은 무언가 하고 종이를 펴보니 거기에는 그동안 지관들이 나리에게 보여 주던 것과 비슷한 종류의 그림이 그려져 있는 것이었다.

눈치 빠른 머슴은 얼른 안채로 들어가 대감께 두루마리를 보이자 장죽을 문 채 무언가 하고 펴보던 대감은 눈이 둥그래지며 놀랐다. 근처 고창 선운사란 절 땅에 명당자리가 있다는 것을 그림으로 그린 것인데 다른 지관들이 그린 산도(山圖)와는 달리 만산도(萬山圖)처럼 잘 그린 데다 산운(山運)의 길흉까지 정확히 적혀 있었다.

산도를 접한 대감은 밖으로 나간 머슴을 불러 당장 그림의 주인을 찾게 했다. 그러나 매일처럼 많은 사람들이 들락거리며 묵고 가는 터라 머슴은 그림의 주인이 누구인지를 알지 못했고 어제 처음 묵고 간 사람이 있었다는 것만 말했다. 머슴의 말을 들은 대감은 그 사람이 다시 오거나 그림을 잃어버린 사람이 있거든 꼭 알리라 하고 기다렸다. 아니, 홍성문(洪成文)이란 사람을 기다렸다. 그림 한쪽 끝에 홍성문(洪成文)이란 이름이 있었기 때문이다.

그러나 기다리는 것은 원래 늦거나 안 오는 법, 오늘이나 내일이나 하고 애타게 기다렸으나 홍성문이란 사람도 그림의 임자도 겨울이 다 지나고 다음해 여름을 지나 가을이 되어도 나타나지 않았다.

그리고 그 해 겨울도 지나가고 다음해 따뜻한 어느 봄날, 홍성문을 기다리다 지친 대감은 봄바람도 쐬고 산도 볼 겸 하여 하인을 대동하고 산도에 적힌 현장을 직접 찾아 나섰다. 장소와 길은 알고 있던 터라 선운사 경내로 들어가 산도에 그려진 대로 위치를 찾아 올라갔다. 그런데 웬지 산을 오르는 대감의 발걸음은 가벼우면서도 가슴이 울렁거리고 뛰었다. 오늘은 과연 원하던 자리를 찾는구나 하는 예감 때문이었는데, 산세를 보며 필점(筆點)이 찍힌 곳을 찾아 오르던 대감은 어느 한 곳에 이르자 몸이 굳어버리고 말았다. 손과 발이 후들후들 떨리고 가슴이 쿵쿵 뛰었다.

찬바람에 사시나무 떨리듯 하는 손으로 종이를 펼쳐든 대감은 굵고 가늘게 그린 그림 가운데 진한 먹으로 필점이 찍힌 곳을 몇 번이나 주시하며 앞산과 뒷산을 이리 보고 저리 보며 산세를 살피다가 다시 위아래로 오르내리며 살피기 시작했다.

이렇게 한참을 오르락내리락 거리며 산세를 살펴보던 복

건(幞巾) 쓴 대감의 머리가 가벼운 도리질를 하더니 실망 섞인 소리가 나왔다. 이것저것 따져봐도 맘에 안 들었기 때문인데 자리도 깊은 골짜기 산인데다 앞뒤가 꽉 막혔고 바닥도 잔돌이 많으며 어찌 보면 지금까지 봐온 산 중 제일 못생긴 곳이라고 생각했기 때문이었다. 게다가 절 땅으로 되어 있어 자리가 있다해도 묘 쓰기가 쉽지 않을 것 같았다. 그런데도 산도(山圖)에는 자손만대영화지지[萬代榮華之地]니 천하대명당이니 하는 미사여구가 써 있는 것이었다. 어쨌거나 산에서 내려온 대감은 절에서 하룻밤 묶고는 다음날 두 번째 자리가 있다는 반암 병바우골로 향했다.

반암으로 와서 종이에 그려진 대로 산을 찾아올라 혈자리가 되는 자리에 섰다. 산은 먼저 산보다 높지 않아 오르기 쉬웠다. 여기서도 마찬가지로 주변 산세를 살폈다. 좌우 이리저리 둘러본 대감은 또 한 놈에게 속았다는 허탈감에 머리를 내졌고 이내 산을 내려와 집으로 돌아왔다. 먼저 본 산이 앞뒤가 꽉 막혔다면 이곳은 너무나 훤하고 펑퍼짐한데다 앞에 보이는 산에는 귀신처럼 괴상하게 생긴 거대한 바위가 하늘을 찌를 듯 높이 솟아 있고 오른편 산에도 도깨비를 닮은 이상한 바위들이 삐죽삐죽 솟아 있는 것이 영 마음에 들지 않았기 때문이다.

집으로 돌아온 대감은 다시 길지(吉地)가 나오기만 기다리며 시간을 보냈다. 그런데 어느 날 홍성문이 왔다. 홍성문이 온 때는 그해도 다 가는 가을로 그림을 남기고 간 지 이태[이년]만에 온 것이었다. 여느 때처럼 머슴이 마당에서 비질을 하고 있는데 전에 왔던 걸객 차림의 노인이 이번엔 지팡이를 질질 끌며 대문간 앞에 서선 전처럼 하룻밤 유숙을 청하는 것이었다. 홍성문이 왔다는 소식에 대감은 전에 본 자리야 어떻든 얘기나 한번 들어보자 하며 안으로 들게 했다.

"허허 대감! 등하불명(燈下不明)이로소이다. 등하불명! 그 자린 불가언[不可言] 천진지밀귀신지[天珍地密鬼神知]의 자리와 자손천억[子孫千億] 부귀부절지지[富貴不絶之地]외다. 부귀부절지지! 언가풍[言加風]을 하자면 부부귀귀부부절[富富貴貴不不絶]자리란 말이외다. 자손들의 부귀영화가 끝없이 이어지는… 부-가-부[富加富]… 귀-가-귀[貴加貴]… 부불헐[不不歇] !… "

낙재 대감이 지난 번 선운사와 반암에 있는 산을 보고 온 것에 대해 말문을 열자 홍성문은 멀지 않은 곳의 명당을 두고도 못 찾는다는 등하불명과 문필겸비(文筆兼備) 재상의 귀한 후손들이 끊임없이 이어 나온다는 부귀불헐지지란 말로 입을 열더니 자신의 해박한 풍수지식과 논리와 전국 산들을 다 다녀도 이런 자리가 없다는 설명으로 낙재공을 압도했다.

"으으… 음… ."

홍성문의 말을 들은 대감은 속으로 이 늙은 중놈도 또 여간 허풍이 센 놈이 아니구나 하고 신음 섞인 한탄을 하고 있다. 대감이 그러한 습관을 갖게 된 것은 지금까지 명당을 찾았노라고 외치던 풍수들 중 허풍치지 않은 놈이 한 놈도 없고 그 때문에 실망도 컸으며 어느 때는 한심하기까지 했다.

대감이 그렇게 생각하는 것은 자신이 뻔히 아는 산인데도 군왕지지니 제왕지지니 하는 놈이 없질 않나, 근처 흥덕에 가면 바다와 인접한 산이 있는데 그 산밑 밭두렁에 붙은 돌서덜땅을 명당이라고 우기는 놈이 없질 않나, 또 어떤 놈은 담양 어느 산에 가면 금시발복지지(今時發福之地)가 있는데 얼마나 발복이 빠른지 삽 끝을 대기 무섭게 발복이 되니 어서 산을 사라고 공갈을 치는 놈이 없지 않나, 별의별 놈이 다 있으며 그러나 무엇보다 더 한 것은 저들의 인간 됨됨이였다. 즉 자신 앞에 와서 이놈이 좋다 하는 산은 저놈이 못쓴다 하고 저놈이 좋다하는 자리는 이 놈이 못쓴다 하며 서로를 헐뜯고 싸우는 것이 모두 그놈이 그놈이며 배운 놈이나 못 배운 놈이나 몽땅 한 통속 그 꼴이었기 때문이었다. 게다가 천 리 밖 거리도 아니고 턱밑에 그렇게 좋은 명당이 있으면 제놈들이 먼저 쓰고 발복을 받을 것이지 조당수나 피죽도 못 먹는 놈들이 하는 원망도 했다.

그러나 곧 홍성문은 그들과 다르다고 느껴졌다.

다음날 아침, 밤새도록 이야기를 나눈 두 사람은 날이 밝자 선운사내의 자리와 반암 병바우골을 다시 보기 위해 길을 떠났다. 먼저 선운사에 도착을 하고 보니 때는 오점(午點:열두시)이나 되었는지 해가 벌써 중천에 떠 있었다. 두 사람은 절간경내를 지나 천천히 산으로 올라 전에 와 본 자리에 서서 산에 대한 설명을 주거니 듣거니 하였는데 스님

의 설명인즉 여기는 하루종일 햇볕이 잘 드는 향양지(向陽
地)는 아니나 주변산세가 좋아 차후 후손들이 태어나면 주
산인 도솔산과 앞산인 안산의 정기를 받아 대부대귀(大富大
貴)에 크게 장성할 자리가 되는 곳이라고 설명을 하였다.

한참을 서서 주변을 두리번거리며 이야기를 나누던 두 사
람은 산을 내려와 절 안에 여장을 풀고 하룻밤을 푹 쉬었
다. 그리고 다음날이 되자 일찌감치 절을 나와 병바위골로
향했다. 미리 보아둔 산에 오른 홍 스님은 어제처럼 주변의
모든 산들에 대한 설명을 하는데 청룡줄기 끝에 있는 괴상
한 바위 물상(物像)인 홀기암과 주산(主山)인 차일산, 그리
고 백호산에 있는 천계성과 천마안장 어금니 바위 등을 비
롯하여 눈앞에 보이는 모든 귀사는 하나도 빠짐없이 자세한
설명을 하였다.

그래서 지금은 비록 후손들이 없어 속이 상하겠지만 대감
부부 사후 여기 저기 두 곳에 묻혀 묘 바람을 타면 후손들
이 금세 나오는 것은 물론 그 이름도 높아 창천사해(蒼天四
海)로 길이 빛나 떨칠 것이며 미래까지 약속하는 땅이라는
설명이었다. 홍성문의 그러한 설명을 듣고 요협이 두 눈을
크게 뜨고 다시 보니 그 동안 볼 품 없고 시시하다고 느껴
졌던 두 곳의 자리는 두 번 다시없는 불가언(不可言)의 명
당지로 바꿔버렸다.

그렇다. 필자가 설명을 곁들이자면 홀기상(笏記像)은 너
무 귀하여 조물주가 이 땅에 내릴 때 몇 개 밖에 내리지 않
았다고 하는 아주 귀물인 것이다. 그래서 귀한 만큼 아무

눈에나 띄질 않는 지존(至尊)의 석물(石物)이며 이런 석상이 수구(水口)에 둘이 있으면 군왕지지요 셋이면 제왕이나 천자지지가 된다고 했는데 왕능이나 대신들 묘 앞에 문무 홀기석상을 세우는 이유 중 무덤의 호위를 하는 뜻도 있지만 더 깊은 뜻은 위와 같은 풍수 발복을 바라는 뜻도 있다.

그리고 풍수를 비방하거나 불신하는 중생들은 그까짓 장승돌 하나가 무에 그리 대단하냐고 하겠지만 중생들의 눈은 어디까지나 중생들의 눈이고 그들의 생각으로서는 비교를 할 수 없을 만큼 대단한 가치를 지닌 귀물 중 귀물[貴物中貴物]인 것이다.

바로 그 홀기상이 여기 청룡줄기 끝에 있으니 후손들 미래에 약속이 없을 수 없다.

대단히 흡족한 마음으로, 아니 집에 갈 필요도 없이 이 자리서 당장 죽어 묻혀버리고 싶을 만큼 땅이 예뻐지고 애착이 갔다. 오랜만에, 참으로 오랜만에 기분이 좋은 대감은 집으로 돌아오는 길 내내 그렇게 기분이 좋을 수가 없었다. 차대속발등상지지[次代速發登相之地]이니 자손번연백억지지[子孫蕃衍百億之地]이니 하는 말은 차치(且置)하고 자신이 사는 관내에 이렇게 훌륭한 명당이 있다는 것과 홍성문, 아니 스님인 홍 대사를 만난 데 대한 기쁨이었다.

그런데 홍 스님이 집 앞 가까이 와 대문 앞에 서자 찬물을 끼얹는 말을 하는 것이었다. 이제 자신의 볼일은 다 끝났으니 안으로 들어갈 것 없이 여기서 헤어지고 떠나겠다는 것이었다. 스님의 떠나겠다는 말에 대감은 격노하다시피 화를 내고 하인들을 부름과 동시 두 팔을 벌려 가로막고 강제적으로 끌다시피 하여 집안으로 모셔 밀었다.

대감의 애원어린 간청에 대사는 며칠 묶으며 학문의 벗 겸 스승과 제자 겸 문우사제(文友師弟)로서의 정담을 나누다가 떠나니 헤어지는 두 사람의 서운함은 이루 말할 수 없었다. 홍 스님이 떠나는 날 대감은 고창까지 동행하여 배웅을 하곤 집으로 돌아왔다. 그리고 머슴들에겐 자물통처럼 입을 다물라는 여구쇄(如口鎖)의 명령을 내렸다.

땅은 속이지 않는 법, 낙재공 요협이 이곳에 잠들고 몇 해가 지나자 과연 선조지대음덕(先祖之大蔭德)으로 차남인 경중에 몸에서 성수(性洙)와 연수(秊洙)가 탄생하고 다시 성수와 연수에 몸에서 상만, 상기, 상협, 상홍, 상하 등 많은 아들 딸 후손들이 탄생하니 오늘의 울산 김문에 영화를 아니 해방 후부터 지금까지 대한민국의 정치, 경제, 교육, 문화를 이끌어 온 인물들이 나온 것이다.

이상이 낙재공 요협의 명당자리 찾기 이야기이다.

여기서 잠깐 인촌 김성수의 이력을 보자

=김 성수=

해방 후 이승만 정권시절 2대 부통령을 지낸 仁村 金性洙[인촌 김성수 1891(고종28)-1955]는 정치가이자 교육자이며 언론인이다. 전북 고창(高敞)에서 경중의 두 아들 중 장남으로 태어나 큰아버지인 기중에게 양자로 갔다.

성장을 하면서 양부와 친부의 빠른 개안으로 그는 13세 때 사설 영어 학숙에 다니며 영어를 배우고 일본으로 유학을 가 스물네 살 되든 해에 와세다 대학 정경학부를 졸업했다. 유학시절 넓은 안목으로 많은 문물을 접하고 개화된 눈으로 귀국을 한 그는 교육과 생산만이 나라가 살길이라며 중앙중학교를 인수하고 5년 후 1919년에는 경성방직을 창설하여 경제자립과 민족자본 육성에 힘쓰는 한편 다시 국민들의 눈과 귀를 열게 하고자 동아일보를 창간했다.

1931년 7월에 만보산 사건이 일어났을 땐 국가와 국민을 위한 돈이라면 아까울 것이 없다며 오천 원이란 거금을 주저 없이 투척했다.

그러나 그는 그것으로 만족하지 않았다. 1932년엔 지금 고려대학교(高麗大學校)의 전신이며 구한말 고종 때 대신을 지낸 이용익이 설립한 보성(普城)전문학교가 경영이 어렵자 이를 인수하였고, 해방이 되자 미군정청(美軍政廳) 수석 고문관을 지냈고, 정치에도 뜻을 펴 1950년엔 제2대 부통령에 취임했다. 다음해인 1951년엔 이승만이 장기 집권의 야심을 품자 부통령직을 미련 없이 내던지고 민주 국민당 고문을 지내면서 민주정치의 발전을 위해 힘쓰다가 1955년 1월에 사망하여 국민장으로 장례를 치뤘다. 1962년 대한민국 건국 공로훈장 복장(複章)이 수여되었다.

이상이 인촌의 간단한 이력이다.

필자가 글을 쓰면서 느낀 것은 울산 김씨가 오늘의 대 번성을 한데는 명당과 발복이란 글을 떠나 적덕(積德)과 선행

(善行)의 남을 돕는다는 아름다운 일과 가족간의 우애가 많았기 때문이 아닌가 한다. 옛말에 명당을 구하려면 적덕과 선행을 꾸준히 하면 명당은 자연 찾아오는 것이지 일부러 구하는 것이 아니라 했다.

여기에 일일이 열거 할 수는 없지만 울산 김씨들의 적덕과 선행 대표적인 것 몇 가지를 추리자면 다음과 같다.

첫째는 임자 없는 무덤인 홍총에 벌초를 해주는 등 내 조상 묘와 차별 없이 관리를 하며,

둘째는 요협의 아들들인 기중과 경중의 형제간 우애로 경중은 아들이 없는 형[기중]과 종가(宗家)를 위하여 자신의 아들인 성수를 형에게 보낸 것,

그리고 세 번째론 기중 경중과 인촌은 많은 굶주린 사람들을 구제한 것과 만보산 사건 때의 기부금이다.

필자는 인촌 생가를 둘러보기 위해 마을에 갔을 때 생가 마당에 있는 안내판을 보게 되었는데 내용 중에 1907년에 많은 화적떼들이 재물을 탈취했다는 부분이 있는 것을 보았다. 필자는 이런 글을 보면 숨겨지고 감춰진 부분을 들춰내려는 짓궂은(?) 면이 있다. 고창관내 마을을 다니며 연세가 지긋하고 당시의 이야기를 전해 들었거나 알만한 노인들을 찾아 내용을 물었다. 각각 다르긴 하지만 왜정 때 일본놈들이 재산과 쌀을 뺏어갈 때 각종 명목으로 거둬들이고도 모자라 앞잡이들을 시켜 한 짓과 높은 놈들이 뒤에서 시킨 짓이라고 한다.

그래서 동네나 근처 사람들이 재물을 뺏을 목적으로 한

짓이 아니냐고 물으니 약간 언성을 높이며 하는 말이, "아왜정 때 왜놈들에게 쌀이고 소고 다 뺏기고 먹을 것 없어 굶어죽는 사람들이 수두룩할 때 근자[근처] 사람들이 부쳐 먹는 땅엔 도지도 안 받고 오히려 몇 해를 두고 먹여 살렸는데 화적이 무슨 화적이여!"라고 한다. 그리고 웬만한 사람은 도둑질을 하려야 그 집하고 상대가 안돼 못했다는 것이다, 그래서 재산은 얼마나 됐냐고 물으니 이 근처 십 리 이십 리 밖 전답이나 바닷가 염전이 다 인촌댁네 것이어 한 달을 밟고 다녀도 못 다닐 정도라 한다.

염전이란 소금 만드는 밭으로 지금은 소금이 흔하여 아무것도 아니지만 옛날에는 금처럼 여기던 물건이었다. 그래서 옛날의 부자는 삼백(三白:쌀 소금 면화)을 제일로 쳤다.

그리고 만보산 사건이란 1931년 7월 2일 중국 길림성 만보산 지역의 관개(灌漑) 수로 공사를 둘러싸고 한-중 양국 농민사이에 일어난 분쟁이다. 한국인 이승훈 등 8인이 10년 기한으로 땅을 빌려 개간에 착수하게 되었다. 그러자 토착농민들이 수로를 내면 자기들 땅에 피해를 입는다고 당국에 고발하는 한편 공사장에 집단 난입하여 행패를 부리고 공사를 중지시켰다. 그러자 일본 경찰은 우리편을 드는 척하고 군중을 해산시키고 공사를 진행시켰으나 싸움은 끝나지 않고 커져만 가 결국 국제 문제로 번지게 되었고 일본 대 중국문제로도 되었다. 이에 조선일보와 동아일보에서 조사를 하여본 결과 한국과 중국의 사이를 떼어놓으려는 일본의 이간질로 판명되었고 이는 일본 대륙 침략의 출발점이 되기도 했다. 그러자 동아일보 사주인 인촌이 5천 원의 위문금을 중국 영사관에 보내 위로를 했다. 이것이 만보산 사건이다.

그런데 이 오천 원이란 돈의 성격과 값어치다. 지금처럼 꼭대기 무서워 내는 눈치 돈이나 이름 석자 알릴 목적이 아닌 완전한 용기의 돈이다. 이 오천 원을 당시 물가 중 쌀한 가마 값으로 계산하자면 지방마다 차이는 있지만 10원에서 12원으로 계산을 해서 약 오백 가마 값이다. 지금 쌀값 시세가 가마당 18만 원 정도이니 일억 원 안팎의 돈이다. 아니 집 값으로 치자면 당시 중구 다동이나 종로구 계동에 좋은 기와집 한 채 값이 이천 원에서 삼천 원했고, 동대문 밖 초가납작집은 오백 원이면 샀다. 그런 집들이 지금은 만배로 올랐고 이것을 계산하면 기하학적인 숫자가 나온다.

경중과 기중의 동상

굶주림을 참지 못해 만주로 연해주로 먹을 것을 찾아 떠났던 시대에 이런 돈을 쾌척하기란 보통 용기론 어림없는 행동이며, 간인(□ 人:구두쇠 짠돌이)들이 본받아야 할 일이다.

낙재공 부부 묘소를 보고 나오는 길에 부안면 인촌 마을에 들러 인촌 생가를 구경했다. 넓은 대지에 세워진 집은 대문에서부터 안쪽 깊숙한 곳까지 몇 칸이 되는지 셀 수도 없으며 규모가 작을 뿐 궁궐에 가깝다. 집 구경을 하면서 인상깊은 것은 첫째 대문 왼편에 있는 기중과 경중의 동상인데 한사람은 머리에 정자관을 쓴 조선시대 의복차림이고 한사람은 양복차림이다.

다음으로 눈길을 끄는 것은 디딜방아이다. 맷돌이나 절구는 웬만큼 산다는 집이면 집집마다 모두 갖추고 있지만 여기는 집안에 방아까지 있는 것을 보면 당시의 생활이 어느 정도였는가를 알만하다.

집 구경을 끝으로 하고 밖으로 나오며 느낀 것은 당시에 재산이 얼마나 많았으면 이렇게 큰집을 지었는지 궁금증을 갖게 하는데 이제 이곳에서 태어난 인촌과 수당, 그리고 후손들은 활동무대를 서울로 옮겨 대 성공을 하여 오늘에 이르

디딜방아

고 있다. 선대 조상 할머니인 민씨 부인이 恨과 눈물을 머금고 떠났던 한양으로 되돌아 와서 말이다.

끝으로 필자는 홍성문이 실존 인물이었는지와 요협공 부부의 유택지를 잡은 것이 사실인지가 궁금하여 확인을 하여 보았다. 우선 제일 관계가 깊을 것이라 생각되어 문중에 물으니 모른다고 한다. 여러 사람들로부터 들은 이야기를 종합하면, 홍성문은 호남인이 아닌 한양사람으로 조그만 벼슬을 지낼 때 서학[천주교]을 하다가 대원군의 천주교 박해때 도망와 풍수질로 먹고살았다는 사람, 도인이라고 하는 사람, 그냥 밥이나 얻어먹으러 다니는 떠돌이 지관이라는 사람, 자기가 잡은 자리가 아니면 절대 묘를 써주지 않았고 대신 써준 묘 치고 발복 안 된 집 없다는 등등이었는데 모두 홍성문의 출생지와 생몰년대를 정확히 아는 사람은 없었다.

그러나 없는 이야기가 저절로 만들어져 나온 것은 아니다. 어느 기록에 보니 홍성문이란 이름이 나온 것이 있다. 지금 대순진리회의 전신인 증산교 교주 강일순(姜一淳1871 고종8-1909)이 전주의 모악산과 순창의 회문산, 지리산 등을 다니며 도를 닦고 있을 때 순창 회문산에서 홍성문을 만났다는 것이다. 이때는 홍성문이 마악 도를 끝내는 시기였는데 그는 강일순을 만나자 자탄을 하는 소리로 27년간이나 치성을 드리며 도를 구했는데도 지금까지 아무것도 깨달은 것 하나 없이 헛세월만 보냈다고 푸념을 하며 이제 이곳을 떠나 山[풍수]보는 데나 전념을 하겠다고 하더란다. 이때

강일순의 나이는 25세 전후이고 홍성문은 늙은 스님이었다고 하는 내용이다.

조금 더 정확한 이야기와 기록을 찾은 것은 순창에 사시는 양모 노인으로부터 들은 이야기이다. 양 노인은 지식이 풍부한 관계로 순창군지(淳昌郡誌)를 만들 때도 참여를 한 분이기도 한데, 말에 의하면 홍성문은 사실로 존재했던 사람이긴 하나 소문처럼 서울 사람이니 천주학을 하다 쫓겨왔다느니 하는 말은 모두 거짓이고 출생지가 엄연히 있는 임실군 운암면 태생이라 한다.

부친은 홍 진사이었고 어머니는 홍 진사의 작은 부인으로 첩에서 나온 서출태생이다. 사람 대접 못 받는 시대에 태어나 어릴 때 어지간히 배를 곯고 고생을 하다가 순창 만일사란 절에 들어가 물 긷고 장작 패는 허드렛일을 하였는데 스님들이 보니 똑똑하고 영리해 공부를 시켰단다. 나중에 스님이 된 후에는 만일사 너머 사자암이란 곳에서 오랜 기도 끝에 득도를 하였고, 그래서 풍수와 의약 등 여러 술법에도 뛰어나 병자도 고치고 묘 자리도 잡아주고 하였는데 도로 사정이 좋지 않은 관계로 순창과 고창, 곡성, 담양 등지가 그의 활동 권역이며 남긴 저서로는 순창군의 명당을 노래한 순창가(淳昌歌)가 있다고 한다. 그러나 요협의 묘를 잡았다는 것은 자기도 모르겠다고 한다.

그런데 다시 팔십이 넘은 이모라는 또 다른 풍수가로부터 들은 이야기가 확신을 더 갖게 하였는데 다른 이야기는 양 노인과 비슷했고 요협의 묘 자리에 대해 하는 말은, 자기도 왜정 때 풍수를 배우며 이 산 저 산 다니다가 풍수하는 노인들로부터 들은 이야기로 그것은 틀림없는 사실이라고 한다. 그리고 그런 이야기는 풍수가들 입으로만 통해 내려오는 것이기 때문에 풍수가들이나 알지 일반인들은 알 턱이 있겠냐고 하는 것이었다.

여기서 잠시 홍성문과 낙재공의 연령차를 보면 낙재공은 1833[순조33]년 생이고, 강증산은 1871년 생이며, 강증산이 25세 때 회문산에서 노인인 홍성문을 만났다는 기록을 보면 홍성문은 낙재공과 비슷한 연배인 듯하며 신빙성이 있는 이야기이다.

끝으로 이 글을 읽고 아직도 풍수를 불신한다면 필자로선 더 이상 할말이 없을 뿐이다.

거제도 명당을 찾아서

거제도 명당을 찾아서

봉붕지지(鳳鵬之地)

1997년이 저물어 가는 11월, 우리는 해방 후 역사상 6.25 한국전쟁 다음으로 큰 국가 위기의 재난을 맞이했다. 위정자들이 하도 나라 살림을 잘해 국가 재정이 바닥나고 국제적 신용도는 땅에 떨어져 할 수 없이 국제통화기금[IMF]에서 급한 돈을 빌려와야 했으니 국가의 수치 치고 이런 수치는 없었기 때문이다.

국가 신용과 체면은 둘째치고 당장 기업은 무너지고 가정은 깨어져 많은 실업자가 생겨나고 먹을 것 없는 사람들은 길거리로 내몰려 노숙자와 거지가 되어야 했으며 한국전쟁인 6.25 때에 버금가는 해를 보내야 했다.

그러면 이 때의 대통령은 누구였던가?

1992년 대선(大選)에서 김영삼 후보는 경쟁자들을 압도적

으로 물리치고 대통령에 선출되었다. 군사독재에 짓눌려 민
주화를 갈구하던 국민들이 역대 어느 대통령보다 선정을 할
것이라고 기대를 하고 뽑아준 것이다. 그러나 취임 초부터
운이 따라주질 않았다. 중앙청 부수는데 앞장을 서자 하늘
과 땅도 뒤질세라 경쟁을 벌이니 나라안은 온통 무너지고
뒤집어지고 부서지고 끊어지고 떨어지는 초대형사고가 끊이
질 않아 많은 인명들이 목숨을 잃는 대한민국 줄초상이 났
다. 그러고도 모자랐는지 임기 말엔 나라경제까지 뒤집어엎
었고 아들은 권력을 빙자해 이권을 노리다가 수의(囚衣)까
지 입는 신세가 되었다.

　이렇게 되자 그가 취임 초 국민들로부터 받았던 뜨거운
박수갈채는 임기 말 분노와 야유로 바뀌어 생명의 위협까지
받아야 했으며 군사정권보다 못하다는 소리에다 국민들 머
리 속에는 두 번 다시 떠올리고 싶지 않은 대통령이 되고
만 것이다. 그러나 그는 대통령을 떠난 지금까지도 자신의
잘못과 반성을 뉘우치기는커녕 오만함과 뻔뻔함, 변명일색
으로 국민들을 기만하고 있으며, 그의 말 한마디 한마디가
나올 때마다 국민들은 분노와 눈쌀을 찌푸리고 있다. 저런
사람이 저런 자질로 어떻게 대통령이 됐냐 하는 것이다.

　필자는 따뜻한 어느 봄날 그의 출생지가 궁금하여 찾아보
기로 하였다.

　이번 길은 먼길이라 마음의 여정을 넉넉히 하고 떠나 저
녁때가 되어 경남 마산으로 가서 숙소를 정했다. 숙소를 마
산으로 정한 이유는 풍수로 인연을 맺게 된 창원시에 사시

는 김한동 박사님과 동행을 하기로 한 때문이다.

다음날 아침 근 3년만에 김 박사님을 뵈니 전과 다름없이
건강해 보이셨다. 건강관리를 철저히 하시는 때문이다. 두
사람이 탄 차는 마산시를 빠져 나와 고성과 통영을 지나 거
제대교를 건너 거제도로 들어섰다. 길은 김 박사님께서 미
리 알아 두셨기에 어려움이 없었다. 다리를 건너 왼편으로
난 길을 따라가면서 사등면과 포로수용소가 있던 신현읍을
지나 연초면에서 고개를 하나 넘으니 아래에는 바다를 끼고
생긴 도시 못지 않은 옥포동이 나온다. 대우조선 때문에 생
긴 도시라고 한다. 약간은 비탈진 길을 내려가다가 좌회전
을 하여 시내를 가로질러 4차선으로 뚫린 언덕배기 길을 올
라가자 시가지는 곧 벗어나고 차선은 2차선으로 바뀌면서
왼편은 산이고 오른편은 바다를 끼고 가는 시골길이 나왔

대계마을 전경

다.

꾸불꾸불한 길을 10여분쯤 들어가자 산등성을 잘라 만든 낮은 고갯길이 나오고 고개를 넘자 왼편 나지막한 산자락엔 여느 어촌과 다름없는 다닥다닥 붙여지은 집들이 보이고 마을 아래 바다는 강한 햇살을 받아 은물결로 반짝이고 있었다. 바로 대통령을 배출시킨 어촌 마을 장목면 외포리 대계 마을인 것이다.

여기가 수천 리나 떨어진 수도 서울에 올라와 30여 년 동안이나 국회의원을 지내고 국가를 뒤흔든 인물이 나왔다는 마을인가? 무슨 산과 물의 조화를 받았기에 이런 어촌에서 인물이 나온단 말인가? 길에서 보아도 한 눈에 알 수 있는 생가부터 보기로 하고 집 앞에 만들어진 주차장에 차를 세웠다.

시골 마을에 차선까지 그어 만든 이런 주차장이 있는 것을 보니 아마 생가를 찾아오는 관광객들의 편의를 위해 만들어 놓은 것 같다. 생가로 들어가기 전 혹시나 해서 길가는 사람에게 다시 한 번 생가를 확인하자 "그기 바로 그 집인기라" 하며 억센 사투리와 함께 손으로 가리킨다. 몇 걸음 안 되는 조금은 비탈진 길을 올라가 집을 보니 대문 앞으로 난 길은 골목같이 비좁은 길이라 집 전체를 볼 수 없어 열려있는 대문으로 안을 들여다보니 정면에 양옥으로 지은 안채가 보이고 오른편으로 행랑채와 비슷한 오래된 낡은 다른 한 채하여 모두 세 채였는데, 조부모와 모친의 묘소가 보이는 방향으로 외로 된 디귿[ㄷ]자 모양으로 지었다. 그

김영삼 전대통령 생가

리고 행랑채와 오른편 안채는 지은 지 오래된 듯 서까래는
여기 저기 썩어가고 있었고 정면으로 보이는 양옥집은 근래
에 지은 듯 깨끗했는데 알아보니 행랑채와 오른편 안채는
지은 지 120년이나 되었으며 김 대통령은 오른편 집에서 태
어났다고 한다.

김영삼은 이 집에서 태어났다.

집안 구경을 하려고
인기척을 내고 안으
로 들어갔으나 봄철
이라 그런지 아무런
응답이 없었다. 혹시
나 하고 두리번거리
던 중 시선이 멈추는
곳이 있기에 자세히

보니 오른편 집 마루 위 문틀
사이로 시골집에서 흔히 볼 수
있는 사진들이 걸려 있는 것이
보여 가까이 가보니 김 대통령
의 조부모 사진과 부친 그리고
생모 사진을 큼지막하게 확대
하여 김 대통령의 관계와 생몰
년월일(生沒年月日)을 적어 액
자에 걸어 놓은 것이다. 김 대
통령의 얼굴은 모친의 얼굴을
그대로 빼어 닮았다.

김영삼은 어머니를 닮았다. (아래사
진)

　사진과 집안을 구경하고 있
는데 젊은 사람 둘이 안채로
들어가는 것이 보여 거기로 들어가도 괜찮으냐고 물으니 여
기도 아무나 들어와 보게끔 되어 있다고 했다. 들어가니 넓
은 응접실은 사진 전시실처럼 꾸며 벽에는 김 대통령 재임
시 외국 국가원수들과 찍은 사진들을 확대하여 걸어놓았는
데 미국의 클린턴 대통령과 중국의 장쩌민 등 여러 사람들
의 사진이 있었다.

　생가 구경을 하고 오늘의 목적인 선산을 보기 위해 집 앞
으로 난 좁은 골목길을 올라가니 담 모퉁이에 생가 안내판
이 있었다. 이상한 것은 여러 사람들이 보는 집 앞에 세우
질 않고 뒤편 구석에다 세운 것이다.

　생가안내판이 있는 골목에서 왼편으로 돌아 서너 걸음 올라가자 약간 경사진 작은 들판에는 소와 염소들이 한가로이 풀을 뜯고 있었다. 묘가 어디쯤 있나하고 두리번거리는데 바로 눈앞에 작은 비석이 보였다. 그래서 혹시 저것은 무엇인가 하고 가까이 가보니 바로 그곳이 고조부와 증조부의 묘소가 있는 산이었다.

비석을 보는 순간 속으로 놀라지 않을 수 없었다. 말이 산이지 잔디 들판에 가까웠으며 대통령 선조들의 묘소치고는 너무나 허술했다. 독자들이 사진에서 보다시피 여기 저기 있는 봉분은 모두 너무 낮아 없다시피 하고 그래서 얼핏 보면 주인 없는 묵묘나 다를 바 없었다. 한가지 위안이라면 근래에 세운 듯한 자그마한 비석돌 하나가 있었는데 거기에다 처사 김녕 김씨[處士金寧金氏]누구와 배(配=婦人) 누구라는 이름을 한 곳에 새겨 넣은 것이 전부였다. 묘의 수는

[증조부 이상의 선대묘]=허술한 봉분에 작은 비석으로 표시를 했다.

합장으로 쓴 묘가 다섯 기에 단장으로 쓴 묘가 두 기였다. 묘의 관리가 하도 허술해 패철을 꺼내 재혈이고 뭐고 해볼 필요도 없어 그만두고 뒷산의 산세와 입수(入首) 부분만을 보고 내려오다가 마침 길가에서 어구 손질하는 노인 한 분이 보이기에 다가가 마을의 내력과 대통령의 집안 내력, 그리고 산소에 대한 이것저것을 물었다. 남의 가정사나 깊은 이야기를 캐묻는 데는 젊은 사람이나 부인네들보다는 토박이 노인들 입에서 나오는 말이 정확하고 아는 것이 많기 때문이다.

낯선 방문객의 물음에 필자의 차림새를 아래위 한 번 힐끗 보고는 이내 아는 대로 이야기를 들려주는데 재미있는 것은 마을의 이름으로 원래는 대계(大鷄)가 아니고 닭섬이라고 부른다고 한다. 여기 마을이 큰 닭섬이고, 요 너머 가면 또 한 마을이 있는데 거기는 작은 닭섬이라고 부르는데, 그렇게 부르는 이유는 저기 보면 저 산의 산꼭대기 생김새가 꼭 큰 장닭의 벼슬 같아서 큰 닭섬, 즉 대계(大鷄) 마을로 불리게 되었고, 요 너머 작은 동네는 작은 닭섬이라 소계(小鷄) 마을로 부른다는 것이다. 노인이 일어나 손으로 가리키는 곳을 건너다보니 산봉우리가 뾰족뾰족한 것이 그렇게도 보였다. 여기서의 닭섬이란 뜻은 바다 속에 있는 섬[島]이 아니고 닭의 벼슬을 말한다.

마을의 내력과 대통령 집안 선조들이 여기에 안착하게 된 역사, 그리고 집안 내력을 듣고 다음으로 간 곳은 대통령의 조부모의 묘소였다. 생가에서 그리 멀지 않은 길가 비탈 산

김영삼 조부모 묘

에 위치한 묘소는 찾기도 쉬웠다. 묘 앞으로 가까이 가보니
먼저 본 묘소들과는 달리 조금은 정성을 들인 표가 나타났
는데 쌍분으로 된 묘는 봉분도 올려 쌓고 비석도 세웠다.
그러나 석물의 호화로움이나 사치란 것은 하나도 없이 그저
일반인들의 묘처럼 작고 소박하게 꾸몄으며 비석에는 기독
교인 김동옥(金東玉)과 박우선(朴又先)이란 글자를 새겨 넣
었을 뿐이다.

　대통령의 조부모 묘가 어찌 이리도 소박하단 말인가? 대
통령 집안쯤 되면 바다 속에서 나는 최고급의 해석(海石)이
나 수입 돌로 만든 화려한 석등에 육중한 상석, 그리고 좌
우로 문무석(文武石)을 세우고 조금 앞에는 십 척이 넘는
돌에다 제왕을 뜻하는 이수(螭首)무늬나 교룡문(蛟龍紋) 새

김영삼 모친 묘

긴 비석에 증(贈)하고 대통령 할아버지란 글도 새기고 만들
어 세워 오가는 사람들에게 문중자랑 집안자랑을 할만도 한
데 그런 것은 눈을 씻고 보아도 없으니 오히려 이상하기까
지 했다.

마지막으로 간 곳은 대통령의 생모인 박씨 묘로 조부모
묘 건너편 산에 위치하고 있었다. 그러니까 모든 산소는 동
네 밖을 나가지 않고 집에서 보이는 뒷산과 옆 산 그리고
앞산으로 돌아가며 써 놓은 것이다. 동네 어귀 산허리로 난
오솔길을 조금 들어가자 제법 잘 꾸민 봉분이 보이는데 지
금까지 보아온 것과는 달리 여기는 정성을 들여 꾸몄다. 봉
분에는 둘레석을 비롯하여 앞면에 십자가를 새긴 상석과 비
석, 그리고 풍수에서 귀하게 여기는 양마석(羊馬石)도 세웠

고, 뒤편으론 활개도 만들었는데 지대가 평평하여 그런지 안쪽으론 돌을 쌓고 위로는 흙을 덮어 만들었다. 그리고 박여사 봉분 옆으론 부친의 자리인지 넓은 터를 비워두었다.

※묘소 재혈= 坤申入首 丁坐 庚酉得水에 물이 나가는 水口는 바닷가라 過堂을 하는 곳이 없으며 억지로 본다면 앞으로 내려간 산의 끝과 건너편 섬을 기준하여 艮寅水口.

생가에서부터 조상들의 묘를 순서대로 돌아보면서 산세를 살폈으나 풍수의 사대요소(四大要素)인 용혈사수(龍穴砂水)와 관귀금료(官鬼禽樂)가 완벽하게 맞지는 않았다. 조부산소나 모친 산소 모두 청룡줄기도 약하고 힘이 없는 것이 시

[모친묘소안산]= 안산 멀리 보이는 저러한 산들을 문필봉(文筆峰) 귀인봉(貴人峰) 옥녀봉(玉女峰)의 산들이다. 저러한 산봉(山峰)들은 모두 각자 대소의 영(靈)들을 가지고 있는데, 영이란 지신령(地神靈)을 말하는 것으로 잘 생긴 봉우리는 길령(吉靈)을 발하고 못 생긴 봉우리는 흉령(凶靈:惡氣)을 발한다. 후손들에게 길흉을 끼친다는 것이다.

원치 않게 내려가 바다 속으로 들어갔고, 그 끝으로 자그마한 섬이 하나 있을 뿐이다. 그리고 생가에서 볼 때 안산역할을 하고 조부모의 묘소에서 보면 백호줄기에 해당되며 생모 묘소에서 보면 주산맥이 되는 산이 섬의 일주도로가 나느라고 중간이 잘린 것이다. 필자는 이미 출간한 책들 내용 중에 주룡산맥(主龍山脈)이나 청룡 백호 또는 안산(案山)줄기가 잘린 것에 대하여 용단(龍斷), 단견(斷肩), 요견(腰見)이니 하는 설명과 함께 아주 흉하다고 하였다.

그러나 조산(祖山)인 큰 닭섬에서 내려온 백호줄기는 힘차고 강하게 내려오면서 생가와 주변에 있는 묘소들을 휘감고 바다로 내려갔다. 딸 부자의 대표적 산세이며 그래서 그런지 김 대통령도 독남다녀(獨男多女)이다.

하여간, 이것은 단지 산세를 본 것일 뿐 자세히 들여다보니 바닷가 촌구석에 이런 산이 있다는 것에 기절초풍하지 않을 수 없었다. 산들이 얼마나 잘 생겼는지 한 마디로 넋을 잃고 침흘리기에 충분한 산이며 대통령이 나오지 않을 수 없는 산이었다.

그러면 기절초풍에 넋잃고 침흘리기에 충분하다는 것은 무엇 때문일까? 여기서 주의해 볼 것은 첫째는 조부모 묘의 뒤를 둘러싸고 있는 주산(主山) 다음 조산(祖山)으로 그 산의 힘이 엄청나게 강하다는 것이다. 닭 벼슬을 닮아 닭섬이라 불리는 이 산의 생김을 풍수에서는 귀(貴)를 뜻하는 봉황이 날개를 편 모습의 비봉여익(飛鳳如翼)으로 본다.

그리고 두 번째는 조부모 묘소의 주산으로 산의 생김이

우리나라 수도 심장부 중에서도 대통령 관저가 있는 청와대 뒤편의 백악산을 닮은 목형(木形)산과 똑 같다는 것인데, 이 목형은 북두칠성인 자미대제(紫微大帝)처럼 능히 임금을 만들어 내는 것이며, 세 번째는 청룡줄기 끝에 있는 자그마한 섬인 해중옥인(海中玉印)과 네 번째는 모친 묘에서 볼 때 안산에 있는 귀인봉(貴人峰) 군(群) 들이다. 산들이 이러하니 산을 볼 줄 모르면 모르겠으나 아는 이상 이곳을 보고 미치지 않을 수 없는 것이다.

여기서 목성이니 봉황이니 하는 것은 지난 책에 모두 썼던 글이라 자세한 설명은 생략한다. 다만 처음 대하는 독자들을 위하여 다시 한 번 간단히 설명하자면, 목형은 하늘을 꿰뚫고 올라가는 형상이라 하여 자기목성(紫氣木星), 탐랑

김영삼 모친 묘에서 바라본 조부모의 묘와 뒷산

목성(貪狼木星) 또는 충천목성(衝天木星)이라 한다. 멀리서
볼 때 씩씩하고 강한 모양이면 장군(將軍), 붓을 세워놓은
듯 아름답고 예쁘면 문필(文筆), 단정한 사람의 앉은 모양
이면 미인(美人)이나 선인(仙人), 귀인(貴人), 옥녀(玉女)
등으로 나눠지며, 성(星) 또는 봉(峰)이라는 이름을 붙인
다. 그리고 다시 세밀하게 보아 개구(開口)니 현유(懸乳)니
쌍비(雙臂)니 궁각(弓脚)이니 측뇌(側腦)니 하는 이름을 붙
이는데 이는 전문 용어와 그림들이라 생략한다.

둥근 점선이 있는 곳이 조부모의 묘가 있는 곳으로 이렇
게 하늘을 꿰뚫는 것처럼 생긴 산을 충천목성산(衝天木星
山)이라 하는데 조선왕조가 천도(遷都)를 하면서 궁궐터가
들어선 곳도 바로 목형산인 백악산 아래이고 춘천의 강원도

[홍천목형산]==잘 생긴 목형의 산이지만 자리가 좁은데다 앞으로 물이 들어오는 산이
라 못쓴다

도청이 들어선 곳도 목산인 봉의산 산자락이며 그 외 전국
을 돌아다녀 보면 재벌들이나 금융인 법조인 등 대 인물을
탄생시킨 자리 또한 목산이 많다는 것이다.

그런데 이 목형이라는 것이 모두가 좋은 것은 아니다. 사
람 얼굴에 주름살이나 점 하나가 평생 운명을 좌우하고 길
흉화복에 천지 차이가 나듯 이것도 마찬가지이다. 전면이
호랑이 등처럼 솟아오른 산, 보기에 생기가 돌고 강하게 생
긴 산이 좋은 산이며, 반대로 골이 파이듯 움푹 들어간 산,
쭉정이처럼 생긴 산, 병자처럼 생긴 산, 몸체와 상부가 뒤
틀린 산, 바위가 많거나 험상궂고 살기가 도는 산 등이다.

그래서 집을 짓거나 묘를 쓰는 혈자리는 토질이 좋은 육
산(肉山)이라야 하고 안산이나 귀성산은 잘 생기기만 하면
바위만 있는 암산(岩山)도 무방하다.

다음은 안산 넘어 보이는 닭섬 산으로 이 산의 생김이 여
간 잘 생긴 것이 아니다. 산을 볼 줄 모르는 중생들의 눈으
로 볼 때는 산세가 크고 높은데다 날카롭고 정상엔 뾰족 뾰
족한 산봉우리들이 있어 꼭 악산(惡山)처럼 보이지만 풍수
학의 산세는 이런 산이야말로 기차게 잘 생긴 산이다.

좋거나 나쁘거나 어찌됐든 그런 산이 생가를 향하여 정면
으로 바라보고 있는데, 바라본다는 것 또한 길한 조건의 하
나이다. 산에는 음양이 있고[山有陰陽] 앞뒤가 있다.[山有
前後] 마주보고 있는 산은 길하고[開面者吉개면자길], 반대
로 등을 돌린 산이면 배반의 산이라 하여 흉으로 본다[反背
者凶반배자흉]. 이렇게 잘 생긴 산을 볼 때는 닭 벼슬이 아

니고 위에서 말 한대로 봉황의 날개인 봉황책(鳳凰柵)으로 보아야 옳은 것이다.

바로 이 봉황책 연봉(連峰)들이 생가 터에서 볼 때는 외 안산(外案山)의 조산(朝山) 역할을 하다가 조부모 묘와 모친 묘에서 볼 때는 다시 조산(祖山)으로 변한다. 초보자를 위하여 조산(朝山)이나 조산(祖山)의 뜻을 말하면 아침 '朝' 字의 조산은 안산 뒤를 떠받치고 있다고 생각하면 되고, 할아버지 조(祖) 字의 조산은 입수주산(立首主山) 뒤편 그러니까 혈자리가 있는 주산 다음으로 솟아 보이는 산이 조산이며, 여기서 다시 주산맥(主山脈)이 길게 끌고 내려올 때 기복(起伏)을 이루며 생긴 산봉우리들을 순서대로 보아 열조산(列祖山), 소조산(小祖山), 태조산(太祖山)으로 부른 다.

[허물어진 목형산]==전면이 허물어지고 살기가 도는 목형산이다.

그런데 이 아침 조(朝) 자(字)의 조산(朝山)이 남(南)에
서 서쪽 방향으로 돌면서 장막을 친 병풍처럼, 혹은 날아오
르는 봉황의 힘찬 날개처럼 둘러치며 사이사이 깃발의 귀봉
(貴峰)들이 연봉(連峰)으로 솟아올랐으니 화형(火形)의 산
이며, 나경[패철=佩鐵]상의 방위는 정미곤신경유(丁未坤申
庚酉)이다. 여기서 이 경유(庚酉)라는 것이 독자들은 얼마
나 무서운 것인지를 모를 것이다. 지난 책에 이미 설명했듯
이 경유(庚酉)는 서방(西方) "金"으로 벼슬을 뜻한다.

그러니까 여기처럼 남서북 방위로 둘러친 산세는 봉황이
날개를 편 듯 병풍을 둘러친 듯 장막을 친 듯 한데다 국
(局)이 완전히 갖춰져 있고, 이렇게 산세와 격국(格局)이
박자를 맞춰 갖춰진 산에 음양택의 자리를 잡으면 임금도
무서워하는 문무관(文武官) 벼슬이 냉면집 국수가닥처럼 쏟
아져 나온다. 요즘 직업으론 법조인, 의료인, 경찰, 군장성
등이다.

그런데 이 글을 읽으면서 조금 안다고 하는 독자들 중 반
론이 있으리라 생각되는데, 조부모의 주산은 목형(木形)이
고, 조산(祖山)은 화형(火形)이며, 방위는 경유신(庚酉辛)
金이 되면, 이는 조산과 주산의 순상생(順相生)이 아니고
역상생(逆相生)에다 화극금(火克金), 금극목(金克木)이 되
어 못쓰는 게 아니냐고 할 것이다. 그러나 이는 오행 상(五
行上)의 이론과 해석하기 나름일 뿐 현실과는 전혀 맞지 않
는다. 그런 논리라면 오늘의 김영삼이 나왔을까?

다음은 청룡 줄기 끝 바다 속에 있는 작은 섬으로 이러한

모양을 풍수에서는 옥인사(玉印砂)로 이 또한 중요한 역할을 하고 있는 것이다. 풍수에서 제일의 사성(砂星)이야 해가 뜨는 일출형(日出形)이지만 보름달이 뜨는 월출형(月出形), 그리고 금목수화토 오성(五星)의 형(形)을 비롯하여 위에서 말한 비룡(飛龍)이나 봉황형 같은 것을 최상품의 사형(砂形)으로 보겠지만 여기에 못지 않은 것이 들판이나 바다 속에 있는 둥그런 물체의 옥인사(玉印砂)이다.

옥인이란 지금은 누구나 다 가지고 있는 도장이지만 옛날에는 귀하디 귀한 물건이었다. 신분의 직급에 따라 쓰게 되는 도장은 임금이 쓰면 어새(御璽), 옥새(玉璽), 어보(御寶), 압인(押印)이고, 관청에서 쓰면 관인(官印), 직인(職印)이며, 일반인들이 쓰면 도장이다. 그런데 독자들도 아시다시피 이 도장이 얼마나 중요한 것인가? 모든 서류의 끝에

[청룡줄기 끝에 있는 옥인섬]== 마을 끝으로 물가운데 둥글고 작은 섬이 보인다.

는 도장이 찍혀 있어야 하며 없으면 효력을 내지 못한다.
그만큼 중요한 것이다. 그렇듯 풍수에서도 수천 가지의 사
(砂) 중 이 도장 모양의 사(砂)를 아주 중히 여긴다. 만일
집을 짓거나 묘를 쓸 때 앞으로 이런 것 하나만 있으면 명
의가 죽어 가는 사람을 살리듯 망해 가는 가문을 일으킨다
고 하여 벼슬도장, 출세도장, 또는 부귀도장이라 한다. 이
러한 옥인이 위치하는 자리는 육지나 물 속이나 관계없이
모든 효과를 나타내는데 다만 크기와 생김에 따라 약간의
차이가 있다. 여기는 바다 물 속에 있으니 해중옥인(海中玉
印) 사(砂)로 보며 원문 몇 가지 인용한다.

해중옥인[海中玉印]
수중약견생원석오마조즉위[水中若見生圓石五馬朝卽職]
물 가운데 둥근 돌섬이 보이면 판서의 오른다.=여기서의
五馬는 정승 판서를 뜻함.
수중약견생방석봉공봉왕위[水中若見生方石封公封王位]
물 가운데 네모난 돌섬이 보이면 정승이나 왕위에 오른
다.
수중약견석사석우출후왕[水中若見石獅石牛出侯王]
물 가운데 사자모양의 돌이 보이면 제후[諸侯]에 오른다.
수중약견석원석주출직고[水中若見石圓石珠出職高]
물 가운데 구슬모양의 둥근 돌이 보이면 최고 관직에 오
른다.
수중약견석구기배출천작[水中若見石龜起拜出天爵]

148

물 가운데 절하는 거북이 모양의 돌이 보이면 제후에 오른다.

　글의 해석처럼 옥인이 이렇게 중요하다. 그런데 요즘 아무거나 보고 옥인사로 단정하는 사람들이 있는데 큰 실수이다. 물체가 아무리 도장과 비슷해도 뚜렷하지 않으면 옥인으로 보아서는 안 된다. 너무 커도 안 되고 작아도 안되며 국세와 혈에 따라 적당히 맞아야만 옥인으로 판단한다.

　그리고 또 하나는 남해안이나 서해안 바닷가에 보면 한두 개도 아니고 즐비하게 널려 있는 게 섬들인데 이게 모두 옥인 역할을 할 수 있느냐 하는 것이다. 항상 강조하는 것이지만 모든 기계는 각자의 부속이 제 위치에 맞아야 조립이 되고 돌아가듯 풍수도 모든 국세가 맞아야만 효과를 내는 것이다. 즉 부산이나 마산 또는 인천처럼 큰 항구를 가지고 있는 도시도 뒤로는 바다를 향한 큰산과 앞 바다에는 옥인사를 비롯하여 각종 귀사가 있기 때문에 지금의 유명(有名)한 항(港)이 된 것이며, 목포항 같은 곳은 산세가 바다를 등지고[反背] 있는 배반의 유달산 산세 때문에 항구로서의 발전이 없는 것이다.

　이러하듯 여기 청룡줄기 끝 바다 속에 있는 작은 섬이 바로 임금의 도장인 어보(御寶)의 귀사(貴砂)였다 그러니까 존지존(尊至尊)의 어병(御屛)인 봉황책(鳳凰柵), 귀지귀(貴至貴)의 목형산(木形山), 해중(海中) 옥새(玉璽)의 옥인사(玉印砂), 그리고 귀인봉 등 이런 최고품들의 귀사들이 있었기에 그 지기지령(地氣地靈)을 받아 오늘의 김영삼을 젊은 나이에 정계로 내 보낼 수 있었던 것이다. 만약 이러한 것들이 없었다면 그는 촌부에 지나지 않았을 것이다. 그리고 마을도 포구가 지금처럼 작지 않고 좀 더 크고 넓은 면적이었다면 지금의 고깃배만 드나드는 작은 포구가 아니라 부산항이나 마산항 같은 큰 항구가 되었을 것이다. 그러니까 대통령도 나오고 큰 항구가 되었다는 것이다.

필자는 거제도를 보기 전 거제도에 대한 상식은 최남단에 위치한 작은 섬에 해금강과 옥포조선 그리고 포로수용소가 있다는 것이 상식의 전부였다. 그런데 막상 와서 섬 일주를 하여 보니 섬도 크고 인구도 많은데다 여기저기 보이는 산세는 날아가는 봉황의 날개처럼 비봉형(飛鳳形)으로 여간 잘 생긴 것이 아니다. 그래서 이런 섬에서 김영삼이라는 인물이 나와 젊은 나이에 국회의원의 관로를 열어주었고 청와대 입성까지 하게 되었는데 모두가 산세의 덕과 조상 묘의 덕인 것이다.

조선말 대원군이 부친 남연군의 묘를 이장하고 없던 자식도 만들어 왕위에 오른 것도 가야산 산세와 남연군의 묘자리 지기(地氣) 덕분이었다.

끝으로 필자는 대통령 선거 때만 되면 이화궁(梨花宮:청와대)을 향해 징그러운 뱀 눈으로 슬금슬금 국민들 눈치를 보며 이 당(黨) 기웃, 저 당(黨) 기웃, 기웃거리는 구렁이 같은 사람들과 대선에서 몇 번씩 낙선을 했으면서도 죽을 때까지 한 번 해먹겠다고 기를 쓰고 발버둥치는 진때 묻은 얼굴의 후보자들을 보게 된다. 그럴 때마다 느끼게 되는 것은 대통령 될 사람은 지기조령(地氣祖靈)을 받은 사람이라야만 되는 것인데 조상의 묘는 돌아보지 않고 엉뚱한 생각만 하는 것이 안타깝다. 해방 후 역대 대통령들의 조상 산소를 보면 모두가 강한 산과 조령귀손(祖靈歸孫)의 덕으로 된 것이지 오뉴월 땡볕 길바닥에 말라죽은 지렁이 같은 산의 기운으로는 어림도 없는 짓이다. 아울러 학벌과 지식 같은 것도 필요 없으며, 대붕(大鵬=큰 인물)은 심산명소(深山明巢)에 둥지[明堂]를 튼다는 말이 풍수의 정설이다.

청령포와 장릉

청령포와 장릉

　조선시대 역사를 읽어나가다 보면 역대 임금들 중 제일
운이 나빴던 임금이 아마도 단종 임금이 아닐까 한다. 뭣한
말로 조상할아버지들의 능 자리가 나빴는지, 아니면 궁궐터
가 나빴는지 그는 태어나면서부터 어지간히 재수도 없고 운
도 없으며 명도 짧은 임금이었기 때문이다.

　단종의 일대기는 그 동안 소설이나 영화 또는 TV에 사극
으로 방영되어 너무나 잘 알려진 터라 줄거리만 간추려 본
다.

　단종은 아버지 문종과 어머니 권씨 사이에서 1441년 7월
23일에 태어났다. 그러나 태어날 때 고허살(孤虛殺)을 끼고
태어났는지 양수가 마르기도 전에 어머니 권씨가 산후 끝에
죽은 것이다. 어머니가 죽어 왕실이 놀라긴 했지만 왕종(王
種)에다 장손인지라 할아버지 세종대왕의 극진한 보살핌 속

에 별탈 없이 자라 일곱 살 되던 해에는 왕세손에 책봉되었다. 특별한 정란이나 이변이 없는 한 아버지 문종의 뒤를 이어 왕위에 오른다는 약속인 것이다.

지금 아이들로 치면 퀵보드 타기와 컴퓨터 게임에 푹 빠질 나이의 왕세자 홍위(弘暐:단종의 이름)는 아홉 살이 되던 해부터 어둠이 깃들기 시작하니 할아버지 세종대왕이 돌아갔고 삼년 후 열두 살이 되던 해는 아버지 문종도 돌아갔다. 왕위에 오른지 두 해 밖에 안 된 문종이 병마에 시달리다 서른 여덟에 세상을 떠난 것이다.

아버지 문종이 세상을 떠나자 왕세자 홍위는 눈물이 채 마르기도 전에 왕실 법도에 따라 열두 살에 왕위를 이어받으니 이가 곧 단종이며, 단종의 생명은 이 때부터 위협을 받기 시작했다. 위협을 가한 사람은 다름 아닌 작은아버지인 수양대군으로, 수양대군은 그 동안 증조부인 태조 이성계나 조부인 태종 이방원 그리고 나아가 중국의 임금들이 어떻게 하여 왕위에 올랐나를 잘 아는, 한마디로 정권이란 아무나 뒤집어엎고 먹는 놈이 임자라는 것을 잘 아는 아주 흉물 인간이었다.

향기롭거나 구리거나 냄새나는 곳에는 거기에 맞는 벌레들이 꼬이는 법, 수양대군의 야망과 흑심을 눈치챈 권람과 한명회가 모였다. 이 한명회가 문제의 인물이었다. 세상이 제 맘 제 뜻대로 안 된다고 늘상 불평불만에 흰눈으로 세월을 보내던 한명회는 이때다 하고 그의 수하로 들어가 임금으로 만들기 위한 온갖 수단과 지혜를 짜내는 한편 필요할 때 써먹을 무사들도 모았다. 정치깡패를 모은 것이다. 예나 지금이나 권력자만 잘 잡으면 유무한의 출세가 보장되고 부귀영화를 누리게 된다는 것을 잘 아는 기회주의자들이 모인 것이다.

한편 왕위에 오른 단종은 이듬해 송현수의 딸을 왕비로 맞이했다. 그러나 이때는 수양대군이 김종서 장군을 반역으로 몰아 죽이는 등 단종 측근의 신하들을 죽이고 영의정에 올라 실질적인 정권은 그가 움직였으며 어린 단종은 허수아비에 불과했다. 그리고 정인지와 한확을 각각 좌의정과 우의정에 앉혀 고굉지신(股肱之臣)으로 삼고 이들로 하여금 자신을 찬양하는 글을 임금에게 올리도록 하여 더욱 위세를 굳혔다.

이때 바른 말 잘하는 수양대군의 동생 금성대군과 몇몇 중진 신하들이 수양의 행동에 반기를 들었다. 지금까지도 그렇고 앞으로도 그냥 두었다간 벌어질 일이 뻔하기 때문이었다. 그러나 한명회와 수양대군의 눈치가 더 빨라 제거할 행동으로 옮기니 걸리적거리는 것은 모두 없애야 한다며 금성대군과 단종을 보위하던 신하들을 귀양 보내 임금에게 들어가는 언로(言路)를 끊고 단종을 고립시켰다. 그리고 언제나 하는 구실은 왕실을 위한다는 것이었고 급기야는 곧 자신이 임금의 자리에 앉고 단종을 상왕(上王)으로 올려버렸다. 말이 상왕이지 실제론 상왕 하왕 모두 차지한 것이다.

순탄하진 않지만 어려운 일도 없이 자신의 욕심대로 착착 진행되어 왕위를 탈취하고 다음해가 되자 뜻밖에 사건이 터졌다. 유교의 도덕성과 법을 따지는 집현전 학사 성삼문 박팽년 유응부 등 전왕 때부터 권위 높은 대신들이 수양대군의 왕위찬탈을 보다못해 권좌에서 끌어내리고 단종을 다시 왕위에 앉히려는 상왕복위(上王復位) 운동을 벌인 것이다. 이들은 세종과 문종 재임시 많은 은혜들을 입은 신하들이며 어린 단종의 앞날을 보살펴 달라는 특별 부탁을 받기도 한 사람들이다. 거사를 위해선 신중을 기하는 한편 비밀리에 모임을 갖고 거사에 참여할 동참자를 모아 날을 잡아 기다렸다.

그러나 일이 안 되려는지 날만 잡으면 다른 일이 생겨 틀어지고 꼬였다. 그러던 차에 희소식이 들려와 마침 명나라에서 오는 사신들을 위한 연회를 창덕궁에서 베푼다는 소식이 들렸고, 그 때는 수양대군을 비롯하여 대궐 안 모든 대신들이 모인다는 소식도 들었다. 이보다 더 좋은 기회는 없다하고 동지들에게 소식을 알리고 거사의 날로 정했다.

그러나 큰 일에는 항상 간신 밀고자와 이탈자가 있는 법, 함께 참여하기로 한 집현전수찬(集賢殿修撰) 김질(金礩)이 장인인 정창손에게 밀고를 한 것이다. 그날로 태종 이방원의 형제난 이래 대궐 안이 또 다시 한바탕 피바다 피비린내를 풍기니 눈이 뒤집힌 세조는 천륜이고 인륜이고 선왕들이 아끼던 신하들이고 따질 것 없이 역모에 가담했거나 의심이 가는 신하들은 모두 끌어다가 주리를 트는 한편 자백을 않는 자는 불로 지지고 단근질을 하여 죽여 버리고 죄가 가벼운 자들도 귀양을 보내버렸다. 조상들의 전례를 그대로 모방 답습하여 써먹은 것이고 사육신(死六臣)이란 이름도 이 때 생겼다.

정권과 권력은 무서운 것, 권력의 맛을 들이면 자리 지킴을 위해 살육만이 있을 뿐이고 그러기 위해선 눈에 거슬리는 것은 무조건 죽여 없애야 했다.

한 달여 동안 피비린내를 풍긴 세조는 정적들을 없애긴 했으나 불안하기는 그도 마찬가지였다. 언제 또 그 같은 사건이 있을지 모르기 때문이었다. 단종도 마음이 편할 리 없었다. 신하들을 고문하고 죽이던 당시의 험상궂고 독기 오른 수양의 얼굴만 보아도 겁에 질려 제발 죽이지는 말아달라고 애걸을 하다가 끝내는 양위(讓位)라는 좋은 말로 왕의 상징인 어보[옥쇄]까지 넘겨주었다. 말이 좋아 양위(讓位)이지 억지로 뺏은 거나 마찬가지이다.

예나 지금이나 물려받은 사람과 물려준 사람은 사이 나쁜 시어미와 며느리 같은 법, 그래서 물려주고 별 볼 일없는 사람은 빨리 사라지고 없어져야 하듯 세조가 권력을 잡자 간신들이 단종을 궐 안에 두면 안 된다고 물고 늘어지며 성화를 부렸다. 신숙주 정창손, 정인지, 한명회 등 안팎의 실세들이 이런 주장을 했으며 한편으론 왕실의 어른들도 수양 편을 들었다. 왕실의 어른들이란 세조에겐 큰아버지들이고 단종에겐 큰할아버지들인 양녕대군과 효령대군이다.

양녕과 효령이 수양의 편을 든 것은 자신들이 왕위 서열로 따지면 0순위 1순위들인데도 자질을 흠 잡혀 3순위인 충녕[세종]에게 자리를 뺏긴 사람들이다. 아니 양녕은 이미

세자로 책봉되어 왕위는 정해진 것이나 다름없었고 이변이 생긴다해도 효령이 물려받는 것이 순서이다. 그런데 두 사람 다 자질을 흠 잡혀 충녕에게 임금자리를 뺏겼으니 동물이 아닌 이상 어찌 감정이 없으랴. 가슴 골 깊숙이 풀 수 없는 앙금과 응어리가 쌓여 밥을 먹어도 늘 소화가 안 되는 사람들이었다.

우리가 아는 양녕대군은 풍류와 시로 인생을 즐겁게 보낸 사람으로 알고 있지만, 내면에는 이런 무섭고 음흉한 양면성을 지닌 인물이기도 한데 말리고 막아야 할 두 사람이 적극적으로 나서서 후환을 없애라고 한 것이다.

궐 안의 모든 사람들이 그렇게 해도 세조는 집권 2년 동안은 죽일 생각은 없었는지 가끔 단종을 찾아 상왕의 예로 문안도 드리고 명나라에서 사신이 오면 술좌석도 같이 했으며 사냥도 함께 나가는 등 전왕의 체면을 살렸다. 그러나 생각이 바뀌었다.

힘과 빌미를 얻은 세조는 단종을 군(君)으로 낮춰 노산군(魯山君)으로 만들어 버리곤 부인 송씨와도 떨어지게 한 채 1457년 6월 강원도 영월 땅 깊은 오지 산 속으로 귀양을 보내 버렸다. 온실 속에서 곱게 자란 진골의 옥체를 보살피진 못할 망정 자신의 영화를 위해 죽음의 사지로 보낸 것이다.

가다가 여차하면 내려쳐도 좋다는 왕명을 받은 금부도사에 이끌려 절해고도나 다름없는 영월 청령포 강가 자갈밭 숲 속으로 귀양을 온 노산은 그 날 밤부터 모기떼에 뜯기며 사방 숲 속에서 울부짖는 산짐승들 소리에 잠을 이룰 수 없었다. 더구나 얼기설기 급조된 여막 같은 집은 궁궐에서는 상상도 못하고 꿈에도 생각지 못한 집이었으며 뒤바뀐 잠자리 환경에 칠흑 같은 깜깜한 밤이면 정적을 깨고 흐르는 강물소리는 왜 그리 무섭고 큰 지 자신을 잡으러 오는 군사들의 말발굽 소리와도 같아 무서움을 더했다.

그럴 때마다 더욱 간절히 생각나는 것은 지난 세월 자신을 극진히도 아끼고 사랑했던 선왕 세종과 부왕 문종을 비롯하여 자신을 위해 죽어간 대신들과 옆에서 근심어린 표정으로 포근히 감싸주던 부인 송씨였다. 이렇게 불안과 잡념에 시달려 몸은 불면증에 걸렸고 아침이면 충혈된 눈으로 뒷산 언덕에 올라 한양을 바라보고 눈물을 흘리며 울었다.

하루하루를 무서움과 두려움, 그리고 그리움 속에 보내고 있는 늦여름 어느 날 비가 쏟아지기 시작하더니 강물이 불어 자신의 침소까지 물이 차고 있었다. 죽을 장소는 여기가 아니고 다른 곳이라는, 비였나 보다. 물이 불어 침소 턱밑까지 차 오르자 어서 피신을 해야 한다는 시종들을 따라 관풍헌(觀風軒)으로 옮겼다. 관풍헌이란 출장을 오가는 관리들이 묵는 객사(客舍)로 요즘 여관 종류인데 어쨌든 비 내리는 덕에 사람 냄새나는 읍내로 옮긴 것이다.

한편 마음이 편치는 않으나 눈앞에 하루살이 같이 어른거리던 단종을 귀양보낸 세조에게 또다시 가슴을 철렁케 하는 소식이 들려왔다. 귀양지에 있는 금성대군이 또 다른 단종 복위 운동을 하고 있다는 소식이다. 사육신의 망령이 채 사라지지도 않았는데 또 전왕 복위운동이라니 놀란 세조는 어서 없애라고 성화를 부리는 양녕과 효령, 그리고 간신들의 말을 따라 단종을 없애 버리기로 하고 금부도사 왕방연(王邦衍)에게 사약을 내려보냈다.

그러나 금부도사가 관풍헌에 도착하여 노산군에게 사약을 내리려 하니 마를 때로 마르고 초췌한 모습은 내려올 때와는 달리 형체만 남았다. 아무리 왕명으로 사약을 내릴 처지이지만 그도 인간이라 눈물과 인정이 앞을 가려 차마 죽음의 사약을 들라고 할 수가 없었다. 이 같은 모습은 금부도사뿐이 아니고 주위에서 지켜보고 있던 시종들과 관헌들 그리고 한양에서 내려간 군사들도 마찬가지로 그들의 눈에서도 눈물이 흘렀다.

분위기가 이상하게 돌아가자 단종 뒤에서 지켜보고 있던 복득(福得)이란 군사 하나가 가지고 있던 활을 단종 목에 씌워 줄을 당겨 조이니 핏기 없는 얼굴은 금방 새파랗게 변하며 고개를 떨구고 사지가 늘어짐과 동시 御體(어체)는 흙먼지 나는 땅바닥에 쓰러져 뒹굴었다. 세상에 태어난 지 십칠 년 만이고 귀양온 지 다섯 달만에 권력을 탐한 삼촌과 추종자들에 밀려 양같이 어리고 착한 목숨은 꽃을 피우기도 전에 한 많은 인생을 마감한 것이다.

단종이 숨을 거두고 땅바닥에 뒹굴자 왕명과 후환이 두려워 그 누구도 시체를 추스르는 사람이 없었다. 따라 왔던 군사들과 지켜 섰던 관헌들 그리고 마을사람들도 시신을 내버려둔 채 모두 도망가듯 숨어버리고 이따금 냄새를 맡고 온 개들만이 혹혹 거리며 주위를 맴돌다 갔다. 그리고 며칠이 지났다. 아무도 돌아보지 않던 시신을 누가 내다 버렸는지 읍내 앞 동강 여울목에서 둥둥 뜬 채 빙빙 도는 것이 발견됐다. 그러나 그가 전 임금 단종의 시신이란 것을 알고 난 사람들은 누구하나 건지러 들지 않고 그냥 버려 두었고 소문은 으스스하게 퍼져 밤이면 방문들을 잠그고 잤고 그런 상태로 또 며칠이 지났다.

그러자 이때 용감히 나선 사람이 있으니 영월호장(寧越戶長) 엄흥도(嚴興道)란 사람으로, 그는 옳은 일을 하다가 화를 입는 것은 달게 받겠다(爲善被禍 吾所甘心)는 마음으로 용기를 내어 한 밤중 물에 들어가 시신을 건져 올려 미리 보아둔 산에 매장을 하고 곧 바로 자취를 감춰 버렸다.

한편 세조가 노산군을 영월로 내쫓아 죽이고 나자 하늘과 땅이[天眼地規] 대노(大怒)하여 그 일가를 그냥 두지 않았다[天地鬼神諸不容 천지귀신제불용]. 소리 없는 벌을 내리니 왕위를 물려받을 의경세자(懿敬世子) 도원군은 그해 9월, 나이 20에 죽인 것이다.

뿐만 아니라 세조도 재위 13년 동안 악성 문둥병으로 시달리다 환갑도 못해먹은 52세에 죽었고 왕위를 물려받은 둘째아들 예종도 다음해 죽었다. 그러나 천벌은 세조 일가로만 끝나지 않았다. 연산군 대에 가서 당시를 기록한 정사(政事)를 본 연산군은 한명회, 정창손 등 세조 옆에 빌붙어 냄새가 나도록 부귀영화를 누린 사람들을 십이간(十二奸)이라 하여 모두 부관참시를 해버렸다. 살아서 지은 죄 무덤 속에서 받은 것이다.

　세조는 재임시 치적과 공적도 많았으나 지나친 정권 탐욕으로 왕실법도와 윤리를 무너뜨려 태조, 태종에 이어 세 번째로 비인간적인 임금이 된 것이다.

　노산이 죽고 세월의 흐름 속에 주역과 조연, 그리고 실세들도 죽는 동안 단종의 슬픈 비사(悲史)도 잊혀졌다. 똑똑한 성종이 있었으나 덮어뒀기 때문이다. 그러다가 1516[중종 11]년 그의 묘를 찾으라는 왕명이 내려지자 영월군수 박충원(朴忠元)과 호장인 엄주(嚴籌) 등은 전직 관리들과 주민들 입에서 입으로 전해 내려온 소문, 그리고 군수인 박충원의 꿈속에 나타난 산을 추적하여 겨울인 12월 공동묘지처럼 여러 무덤과 뒤섞여 있는 묘 중에서 마을사람들이 군왕묘라는 묘를 확인하여 찾아낸 것이다. 한 해만 더 있으면 육십 년이 되는 해였다. 묘를 찾아 봉분을 올리고 표시를 해두었다가 선조 13년인 1580년에 왕릉으로 꾸며 오늘에 이르니 단종이 잠든 장릉(莊陵)이다.

　참고로 여기서 단종 사망 당시와 날짜에 대해 의문이 있어 적어본다. 정사(政事)와 야사(野史)는 안팎으로 이야기가 다른 것이다. 어느 기록에는 10월24일과 12월24일로 돼있고, 조선실록에는 10월21일로 돼있다. 그리고 사망 당시도 사약을 받고 죽었다는 기록과, 스스로 자살[自盡]을 했다는 기록, 그리고 어느 기록에는 약을 먹지 않아 금부도사가 억지로 입을 벌려 먹이고 활줄로 목을 졸라 죽였다는 기록도 있다. 어느 것이 정설인지 확실치 않아 장릉에 있는 안내판을 기준으로 썼다.

이상이 단종애사(端宗哀史) 일대기이며 비운의 임금이 잠들어 있는 영월의 장릉과 청령포를 찾아 나섰다.

차량이 붐비지 않는 날을 택하여 영월 장릉에 도착하고 보니 열 한시쯤이나 됐을까 가던 날일 장날이라고 이날 따라 가을 수학여행을 온 고등학교 일,이학년으로 보이는 학생들과 관광객들이 그렇게 많은지 주차장과 입구는 대만원이었다.

그런데 날씨만 가을인 것이 아니라 남녀 학생들의 머리들도 가을이었다. 빨강 노랑물감으로 염색을 한 머리는 몇 해 전만 해도 상상을 못했는데 일본의 문화 찌꺼기가 학생들까지 오염시킨 것이다. 게다가 남학생들은 코에서 마치 청솔가지를 땐 굴뚝처럼 담배연기를 꾸역꾸역 내뿜고 있었고, 여학생들은 자신들만의 헤어스타일로 꾸민 머리에 연예인들이나 입을 법한 복장으로 한껏 멋들을 냈으며 무엇이 그렇게 좋은지 깔깔거리고 몰려다니며 사진 찍기에 바빴다. 단종이 죽던 해의 나이가 17세였으니 아마 살았다면 학생들과 같은 친구가 됐을지도 모른다.

그런 학생들과 각지방의 사투리 경연장 같은 말소리 속에 섞여 등산로와 같은 계단을 올라가 언덕 중턱에 서니 조금 앞 중간 능선으로 육중한 석물과 함께 능이 보인다. 그러나 저러나 이렇게 사람들이 많을 때는 사진을 찍기도 어렵고 눈을 피해 패철도 보아야 하는지라 능 앞으로 가지 않고 마침 나무그늘아래 의자가 있기에 앉아서 사람들이 내려가기를 기다리며 산세를 보니 능이 있는 산세는 양편으로 골이

[장릉]=비운의 단종 능이다.

깊은데다 길고 구불구불하게 내려 간 것이 마치 '용이 깊은 산 속에 숨어 있는 와룡은산형(臥龍隱山形)으로 보였고 능 자리를 덧붙인다면 임금이 용의 등을 타고 있는 것으로 보였다.

형국을 그렇게 보는 것은 청룡 쪽 산세 때문이기도 했는데 왼편 청룡을 보면 높고 크게 펼쳐진 것이 하늘을 가린 듯하였고 풍수 용어로는 천재(天財)라 한다. 갈룡음수(渴龍飮水) 비룡상천(飛龍上天) 회룡고조(回龍顧祖)나 고자(顧子) 등등 "용" 字가 들어간 형국에는 거의 천재라는 단어가 들어간다. 산이 얼마나 높고 큰지 사진을 찍을 수 없어 독자들에 전하지 못하는 것이 섭섭하다. 사람들이 어느 정도 내려가기에 능 앞으로 와서 다시 주변 산을 자세히 보니 언

청령포

덕 중간에 쓴 능은 다른 곳의 능과 비교할 때 터가 조금 좁다고 느껴졌고 오른편의 백호는 어깨부분부터 골짜기가 있어 산세가 이어나가질 못했다.

　살아서는 임금이고 죽어서는 용 등에 탄 단종의 능을 보고 내려가는 사람들마다 죽어서 자신들도 이런 자리에 묻히고 싶다는 소릴 들으며 능에서 내려왔다. 그런데 여기서 가슴을 찡하게 하는 것은 올라갈 때 보았던 학생들로 여전히 떠들고 웃어대는데 지하의 사자가 지상의 저들을 보고 뭐라 할까! 격식과 틀에 얽매여 살다가 임금의 자리마저도 탈취당하고 짧은 인생을 마감한 단종은 다시 세상에 태어나 임금의 자리가 주어진다면 모든 것을 내던지고 저 아이들처럼 맑고 티없이 뛰어 놀고 싶다 할 것이다. 아니 단종과 왕비 송씨의 화신들이 현세에 태어나 노는 모습일 거라며 근처 청령포로 갔다.

왕의 살림을 맡아 하던 시종들이 쓰던 방

어가 입구

　장릉에서 얼마 멀지 않은 청령포로 와서 단종이 잠시 머물렀던 어가(御家)로 들어가기 위해 강둑에 앉아 배를 기다리며 산과 강물을 보니 어쩌면 이렇게 아름답게 생길 수가 있나 하는 것이다. 오른 편에서 흐르는 물은 단종이 머물었던 어가를 반 바퀴나 빙 돌아 휘감고 나가니 이런 곳을 가리켜 산래수회(山來水回)라 하고 자리만 좋으면 청룡이나 백호가 없어도 좋으며 이때는 독산독명(獨山獨明)이라 한다.

　그러나 이것은 잠시뿐 건너편 어가의 뒷산과 주변의 산세를 보고는 놀라지 않을 수 없었다. 단종이 귀양을 와서 죽기까지의 과정을 그대로 보는 듯한 느낌과 한편으론 수양대군 세조의 이중탈을 쓴 얼굴처럼 양면성을 띄고 있었기 때문이다.

어가

이중성의 설명은 나중에 하기로 하고 배를 건너 울창한 소나무 숲 속에 위치한 어가 안으로 들어갔다. 임금[御]이 머물던 집[家]이라 해서 어가로 부르는 모양인데 궁궐인 셈이다. 구조는 어가와 그 앞으로 왕을 모시던 시종들이 쓰던 초가집의 행낭채도 있다. 관람객들의 편의를 위해 방마다 문을 열어 놓아 마음대로 볼 수 있게 했으며, 방안에는 옛날 단종이 살던 당시를 가구와 함께 그대로 재현하여 놓았다. 그리고 행랑채에도 시종들이 단종의 음식을 만드는 부엌을 비롯하여 사용하던 비품과 생활용구들이 있었다.

어가에서 나와 노산대와 망향탑을 보려고 담장을 끼고 뒤로 돌아가니 넓은 솔밭에 단종의 슬픔을 보고 자란 거대한 관음송(觀音松)과 조금 떨어진 곳으로 영조 때 세웠다는 이끼 낀 금표비가 보였다.

관음송=단종의 슬픔을 보고들은 소나무라 하여 관음송(觀音松)이라 한다.

관음송을 끼고 옆으로 난 길을 올라가니 높지는 않으나 경사가 가파르고 중간부터는 날카로운 칼바위 산이다. 미끄러질 듯 험한 산을 조심조심 올라가니 좁은 산등성이 위에 망향대가 있고 같은 산줄기 이삼십 보 아래로 노산대(魯山坮)가 있는데 왼편은 깎아지른 절벽

이며, 두 곳 모두 단종이 유
배당시 이곳에 자주 올라 한
양 쪽을 바라보며 옛 시절과
부인 송씨를 그리워하던 곳
이다.

망향대에 서서 내려온 산
줄기를 보니 주변의 다른 산
은 모두 강물을 따라 남향이
거나 서향인데 유독 이 산만
은 거슬러 올랐다가 내려오
며 단종이 묻힌 장릉을 향해
바라보고 있다. 그리고 망향

[금표비]=왕이 계시던 곳이니 잡인의 출
입을 금한다는 뜻이다.

대 아래를 보니 현기증이 날 정도로 아찔한 수십길 낭떠러
지 암벽에다 그 아래 거품을 내며 빙빙 돌아 흐르는 시퍼런
물은 무섭기 그지없었다. 얼마나 무서운지 물 속엔 천년 묵
은 이무기들이 사람이 떨어질 때를 기다리는 것만 같았고
바람이라도 잘못 불거나 헛발이라도 까딱 잘못 딛는 순간이
면, 아니 황천길의 문 앞이 여기구나 하는 생각에 얼른 사
진을 찍고 내려왔다.

단종의 숨결이 깃든 곳이라고 생각되는 것은 모두 보고
나와 강가 자갈밭에 앉아 물의 흐름을 보니 자연이 만든 천
연의 감옥이란 생각이 든다. 필자는 몇 해전 전직 모 대통
령이 정적들과 여론을 피해 잠시 머물렀던 강원도 인제 백
담사를 찾은 적이 있다. 그때 백담사의 위치와 산세를 보고

는 태풍을 만난 봉황이 잠시 머물고 간 피신처를 떠올리게 하였는데 지금의 청령포가 그때나 다름없게 생겼기 때문이다. 즉 앞과 뒤는 물과 험악한 절벽의 산으로 도망갈 곳도 외부로부터의 침입도 못하는 자연 성곽(城郭)과 성강(城江: 적의 침입을 방어하기 위하여 파놓은 강이나 못)이기 때문이다.

그리고 당시에 어떻게 이런 장소를 생각해 냈는지 장소를 추천한 사람은 분명 오늘의 무슨 장관감이기도 하다.

이상이 장릉과 청령포의 답사기이고 다음은 풍수학적으로 본 느낌이다.

사람이 사는 집을 짓는데는 기둥과 대들보와 서까래가 들어갈 자리와 순서가 있다. 즉 기둥은 굵은 나무에 대들보와 서까래 받침 역할을 하고 대들보는 기둥과 서까래의 중간 굵기로 서까래의 받침이며 서까래는 지붕의 받침으로 이것들이 서로 제자리에 들어서야만 집이 완성된다. 그렇지 않고 기둥 세울 자리에 대들보나 서까래를 세우고 서까래 올릴 자리에 기둥목이나 대들보를 쓴다면 이건 제대로 된 집이 아니라 기형의 집이 된다.

이렇듯 장릉의 능자리와 주변 산을 보면 구조가 안 맞는다. 우선 자리가 너무 좁으며 용척(龍脊) 또는 참척장(斬脊葬)으로 쓴 것이다. 용척과 참척이란 글자 그대로 용의 등어리 척추에 쓰는 것인데 이렇게 되면 용을 죽이고 혈을 파하기 때문에 절대 안 된다. 다행히 여기는 자손이고 뭐고 가리고 지켜볼 것 없는 사람이 써서 그렇지 만일 가문이나 뼈대있는 집안이 썼다면 정말 비운과 불행을 부르는 자리가 되었을 것이다.

그리고 이런 자리에 억지로 쓴다면 윗묘와 아랫묘가 보이질 않게 멀찌감치 떨어지거나 아니면 경사를 이루어 역시 위아래 묘가 보이지 않아야 한다. '이런 곳이 명당이다' 편에 썼지만 다시 한번 설명하자면 산세가 구불구불하고 기복(起伏)과 절절굴곡(節節屈曲)을 이룬 산의 솟아올랐다가 수그러드는 부분 경사진 곳에서 자리를 찾는다. 이러면 자연적으로 윗묘와 아랫묘가 안 보이고 용세의 길이에 따라 여러 장도 쓸 수 있다.

다음은 주산(主山)과 청룡(靑龍) 백호(白虎)이다. 능은 주산에서 약하나마 삼절(三節)째 되는 곳에 썼다. 그러나 너무 낮아 없는 것과 같다. 주산이란 산세의 흐름에 따라 내려가다가 자리가 되는 곳이면 잠시 쉬어 솟아올라 기(氣)가 뭉쳐야 한다. 그런데 여기는 그러질 못해 그냥 용의 허리에 쓴 것처럼 보인다. 그리고 백호를 보면 주산과 함께 이어나가질 못했다. 어깨부분 중간에 골짜기와 계곡이 있고 그 골짜기는 지금의 도로가 나느라고 하여 기(氣)가 완전히 끊긴 것이다. 위안이 된다면 백호 중간산이 뭉쳐 올랐다는 것 하나 뿐이다.

다음은 청룡으로 청룡산을 보면 산세가 너무 높아 혈을 감싸는 용의 모양이 아니라 오히려 위압감을 주는 능압(凌壓)의 산이다. 서까래와 기둥이 바뀌듯 주산과 청룡이 바뀐 것이다.

만일 이 산이 지금의 위치가 아닌 주산 위치에 있으면 부의(負扆:어전에 둘러친 병풍)나 천재(天財)라 하여 대단한 길지(吉地)가 된다. 산세가 더욱 크고 웅장하면 길이에 따라 천자지지(天子之地)나 제왕지지(帝王之地)의 자미원(紫薇垣)이 된다.

청룡의 애기가 나왔으니 좌청룡 우백호 남주작 북현무의 기본적인 설명을 한 번 더하자면 음양오행과 삶의 필요한 기초적인 것들로 청룡은 하늘이고 동쪽[木]에 아들, 백호는 땅에 서쪽[西]이고 딸과 재산이며, 주작(朱雀:봉황)은 남쪽[火]에 벼슬, 현무(玄武:거북)는 북쪽[水]에 삶의 원천이 되는 곳이다. 여기서 토(土)가 빠졌는데 토는 중앙에 속하고 자리가 되는 곳이며 동서남북 사신(四神)들이 보호한다.

청룡 설명을 보자.
靑龍=[穴左抱沙爲靑龍]
(청룡이란 좌측에서 혈을 껴안을 듯 생긴 사[砂]이다.)
靑龍者 如人之股肱[청용자여인지고굉]
家之牆垣[가지장원]
(청룡은 사람의 수족과 같고 집으로 치면 담장과 같다.)
無龍虎者[무용호자],
以水代之 亦無妨[이수대지역무방]
(용호 중 하나가 없으면 물을 대신하여도 무방하다.)

그러니까 청룡은 있고 백호가 없거나 백호는 있는데 청룡이 없거나 할 때, 없는 대신 혈을 잘 감싸주는 물이 있으면 없는 부분을 대신 한다는 뜻으로 이때는 오히려 못생긴 것보다 훨씬 낫다.

여담하나 말하자면 필자는 얼마 전 모인(某人)이 자리를 부탁하기에 청룡은 있고 백호가 없는 산을 보여줬다. 백호가 없는 대신 위 "이수대지"처럼 아주 잘 생긴 물이 있었기 때문이다. 자리는 子坐午向에 물이 서쪽에서 발원[得水]을 하여 자리를 휘감고[過當] 동쪽으로 흘러 나가는[破口] 서출동류(西出東流)였다. 필자는 그날 물에 대하여 충분한 설명을 했고 괜찮은 자리라고 했다. 그런데 그는 나중에 다른 풍수가를 데려다 보이며 감정을 부탁했더니 백호가 없어서 못쓴다고 하더란다.

다음은 청룡에 대한 원문이다.

靑龍蜿蜒[청룡완연]

長大抱穴貴[장대포혈귀]

先頭回抱吉[선두회포길]

重重幸環貴[중중행환길]

六七重重最上[육칠중중최상]

三四重而次[삼사중이차]

靑龍欲長子亢宗[청룡욕장자항종]

子孫多富貴[자손다부귀]

龍中疊起峰或尖圓方正[용중첩기봉혹첨원방정]

子孫必登科[자손필등과]

　설명은 청룡은 완연하게 생겨야 일품이다. 크고 길게 내려 산세가 머리를 이리저리 구불거리며 내려가 혈을 안을 듯해야 하며 그 모습이 마치 또아리를 튼 모습과 같아야 한다. 六, 七重[겹]으로 둘러친 것이 최상이고 三, 四重이 다음이다. 청룡이 잘 생기면 장자가 잘되고 자손과 재물 또한 많다. 용세 중간에 붓처럼 예쁘게 솟아오른 바위나 둥그런 물체 또는 사각 밥상모양이 있으면 자손이 과거에 오른다.

　이상은 청룡이 잘 생겼을 경우이고 다음은 못생긴 청룡의 설명이다.

靑龍頭圓陷崩高[청룡두원함붕고]

奔走離鄕死[분주이향사]

斷續橫斜凶[단속횡사흉]

龍外見肩靑子孫出盲人[용외견견청자손출맹인]

龍腰越見水子孫死或出蹇脚[용요월견수자손사혹출건각]

龍身利尖惡高家門歿亡[용신이첨악고가문몰망]

　청룡의 머리가 웅턱뭉턱하거나 깨졌거나 혈을 감싸지 않고 내빼는 모양이거나 기울은 몸체로 끊어지고 이어지는 것을 되풀이하면 못쓴다. 또 청룡 너머로 다른 청룡의 어깨가 보이면 자손 중에 장님이 나오고 용의 허리가 끊어지고, 끊어진 너머로 물이 보이면 절름발이가 나오거나 아들이 죽거나 한다. 또 청룡의 몸 곳곳에 날카롭고 뾰족한 바위나 돌

이 많으면 최흉으로 가문이 멸망한다. 설명을 덧붙이면
"利"의 해석은 이롭거나 좋다는 뜻이나 여기서는 시퍼렇고
뾰족한 창이나 도검 또는 칼날처럼 생긴 것을 뜻한다.

이상이 청룡의 길흉을 논한 것인데 뭐니뭐니 해도 청룡은
잘생기고 있어야 한다. 청룡이 잘 생기면 귀한 아들들이 줄
줄이 나와 명절 때 송편이나 만두국을 가마솥으로 대여섯솥
은 끓이는 집안이 된다. 또 옛말에 무자식 삼대라도 혈판
(穴板:자리) 좋고 잘 생긴 청룡 한 줄기 있는 곳만 골라 묘
를 쓰거나 옮기면 떨어지든 솟아나든 어디서 생겨도 아들이
생긴다는 말이다. 그리고 백호는 없어도 청룡은 있어야 한
다는 뜻이다.

그리고 원문 중에 "완연(蜿蜒)"이란 단어이다. 서점에 깔
린 많은 풍수서들을 보면 청룡의 생김을 왜 완연이라고 해
야 하는지, 뜻은 어디서 나왔는지 하는 완연의 궁금증을 풀
어쓴 책은 눈을 씻고 봐도 없다. 그저 청룡은 예쁘게 감싸
안을 듯 생겨야 한다라고 쓴 것이 고작이다. 그러나 이것은
그렇게 간단하고 무심히 넘길 수 없는 단어이다.

옥편에서 "완(蜿)"과 "연(蜒)"이란 글자를 찾아보면 호랑
이가 설렁설렁 걸을 때의 표현, 그리고 용이 꿈틀거리거나
서린 모양인 용동모반(龍動貌蟠)과 형사오공(形似蜈蚣), 절
족우다(節足尤多)의 백족충(百足蟲) 땅지네라고 나와 있고,
이름은 모두 '지차리' 또는 '그리마'라고 한다. 형사오공은
생김이 지네를 닮았다는 뜻이고 절족우다의 "절족"이란 대
나무처럼 마디로 된 몸에 마디마다 다리가 있다는 뜻이며

지네혈

"우다"는 발의 수가 더욱 많다는 것인데 지네와 비교를 한 것이다.

그런데 여기서 지차리와 그리마가 무엇인지 어떻게 생겼는지 알거나 보았다는 사람은 거의 없다. 혹 안다고 해도 지네[蜈蚣]나 노래기로 알고 혼동하여 보는 사람들이 있는데 이는 잘못된 것으로 엄연히 구분돼야 한다.

우선 지차리와 지네는 모두 연한 각질이 비슷하게 생겼다. 바위틈이나 습한 퇴비 속, 그리고 썩은 고목나무 등걸 같은 곳에서 사는데 지차리는 몸통 마디가 통통하고 큰데다 다리가 많고 지네는 몸통이 납작하고 다리의 숫자도 지차리보다 적다. 그래서 둘을 놓고 비교하면 지차리는 몸체가 강한데다 힘이 있어 보이고, 지네는 몸통이 납작한데다 모든 생김이 지차리에 못 미친다. 그래서 청룡을 볼 때는 생김이

어가 입구에서 본 육봉산의 귀인안장형

지차리처럼 생겨야 한다는 뜻으로 '청룡완연(靑龍蜿蜒)'이라고 부르는 것이다.

그리고 연하고 붉은 색의 이들과 비슷한 종류가 있는데 이는 지차리도 지네도 아닌 노래기 종류로 등급으로 치자면 지차리는 용[上]이고 지네는 뱀[中]이며 노래기는 지렁이 [下]이다.

참고로 지네인 오공혈(蜈蚣穴)은 있어도 지차리 혈은 없다.

이상이 장릉의 청룡 산세를 보고 적은 것이다. 그러니까 단종릉을 청룡과 종합해보면 능은 용을 타고 있어 왕을 상징하는데 어의(御扆)인 병풍의 청룡산이 옆으로 비켜있어 뒤를 보호하지 못한다. 그래서 왕위를 뺏긴 임금이 찬바람

배를 건너기전에 본 육봉산.

을 맞고 있는 형상이다.

  그리고 다음은 청령포와 주변의 산이다. 필자는 글 중간
에서 청령포 어가(御家) 뒷산을 이중 양면성을 지닌 산과
단종이 귀양을 와서 죽기까지의 과정을 보는 느낌이라고 하
였다. 독자들은 산은 산으로 끝나는 것이지 산이 인간들처
럼 무슨 이중성이 있느냐고 의문이 생길지 모르나 산은 살
아 있는 사람의 얼굴과 체형과 성격과 같아 음양(陰陽)과
앞뒤[前後]가 있고 강약(强弱)과 미추(美醜), 생사(生死)가
있으며, 선악(善惡), 귀천(貴賤), 명암(明暗), 고습(枯濕),
고저(高低)에 암산(岩山)과 오형오색(五形五色)의 산이 있
다.

  그렇듯 여기서 청령포 뒤 육봉산(六峰山)과 백호산, 그리

고 안산을 보면 선악을 풍기는 무서운 산이다. 우선 어가 뒤 육봉산의 봉우리를 보면 조금 멀리서 보면 여덟봉 가까이에서 보면 여섯봉으로 보여 팔봉산 혹은 육봉산으로 부르는데 산 위 동글동글한 봉우리들 생김이 귀인을 태우는 마상귀인(馬上貴人)과 임금 머리에 쓰는 면류관(冕旒冠), 관모(冠帽)를 닮아 참으로 잘 생겼다.

이것을 산세와 포함해 보면 마치 임금을 태우고 길을 가던 말이 물가에 다다르자 머리를 숙여 물을 마시려는 모습인 것이다.

이렇게 볼 때 육봉산의 설명은 단종 임금을 태운 말이 여기에 와서 멈춘 것이다. 그리고 오른편으로 육봉산과 같이 보이는 기다란 산이 백호산인데 이 백호산 줄기와 함께 내려온 물이 안산과 힘을 합쳐 육봉산을 죽이고 있는 것이다. 백호산의 설명은 물과 같이 하고 먼저 안산을 보면 장릉에서 청룡산 역할을 하던 삼각산이 여기서는 꼭 작두처럼 생겼다. 칼이나 작두나 들어서 기분 좋은 이름은 아니지만 풍수학적으로 볼 때도 그렇다. 묘소나 집 주위에 칼 모양이나 작두를 닮은 산이 있으면 산다는 것 자체가 괴로울 것이다.

옛날 중국의 다섯 가지 형벌인 오형(五刑) 중에 목을 베는 대벽(大酸)이란 것도 있다. 보통은 칼로 목을 잘라 죽이지만 때에 따라서는 작두로 목에서 발까지 토막을 내어 죽인다는 것인데, 형벌 중에 가장 잔인하고 무서운 형벌이 대벽이며 바로 그 토막을 내는 작두산이 어가 앞에서 버티고 서있는 것이다.

다음은 물과 백호산이다. 물이란 바다물이든 강물이든 흐를 땐 잔잔하게 흘러 보이거나 듣는 사람의 마음을 편안하게 해 주어야 한다. 바람이 불어 파도를 칠 때나 장마 때 흐르는 물처럼 요란한 소리를 내거나 여울 때문에 유속(流速)이 빠르거나 하면 흐르는 물소리는 무섭고 불안하다. 그런데 노산대에 올라 흐르는 물을 보면 백호산 산세를 따라 흐르던 물은 육봉산이 가까워지면서 흐름이 빠르고 빠른 물은 물살을 더해 강한 힘을 얻는다. 그렇게 흐른 물은 백호산의 끝나는 지점에서 백호산과 함께 노산대가 있는 산을 일직선으로 부딪치니 그 힘이 얼마나 센지 이런 물을 가리켜 말의 목을 후려치는 직사수(直射水), 살충수(殺沖水)라 하며 능히 기백(幾百)의 사람을 죽이고도 남는 물살이다.

[어가에서 보이는 작두 모양의 안산]= 이런 모양이 작두산이다.

백호부분에서 흐르는 강물이 육봉산의 목을 치고 돌아나간다

그리고 여울이 많고 물살이 세면 골육상잔의 물이라 했는데 한강 물이 길이가 길고 여울도 많아 옛부터 지금까지 한민족끼리 먹고 먹히는 일이 되풀이되고 있는 것이며 산과 물의 생김은 곧 그 나라와 백성들의 운명을 좌우한다고도 하였다.

여기서 직사수니 살충수니 하는 것은 반대편 계곡에서 흐르는 물이 크든 작든 묘나 집 앞으로 일직선으로 곧게 들어오는 것을 말하는데 낮이나 밤이나 쉬지 않고 계속 흐르기 때문에 화금살보다 몇 배 더 무서운 살로 본다.

그런데 이렇게 세게 흐르는 물이 이것으로 끝나는 것이 아니다. 산의 목을 친 물은 빙 돌아 여울목을 만들고는 퇴

사층으로 된 어가(御家) 터를 휘감고 돌아나가니 그 모습이 마치 말목을 올가 맨 올가미의 형국이며 그래서 육봉산의 형국은 단종 임금을 태운 목마른 말이 물을 먹으려고 목을 내밀었다가 세조가 던진 올가미에 걸린 갈마음수결항형(喝馬飲水結項形)이다.

이상이 육봉산과 어가 주위 보이는 산들을 풍수학적으로 논한 것으로 단종의 일대를 그대로 보는 느낌인데 이런 것은 여기뿐이 아니고 사연이 있는 묘는 어느 곳이나 주변 산들의 생김이 그들 나름대로 뜻을 가지고 있다.

재수도 운도 되게 없는 임금 단종, 사람이 귀양을 살다가 끝나거나 죽으면 고향으로 돌아와 가족이나 부인과 함께 묻히는 법인데 살아 생이별을 한 몸은 죽어서도 가족이나 부인 곁으로 못 가고 천리 타향 깊은 산 속에 외롭게 떨어져 있으니 죽어서까지 운도 재수도 되게 없는 임금 단종, 할아버지가 만든 언글의 독음으로 씨가 끊긴다는 뜻의 단종(斷種)이라서였을까?.

끝으로 필자는 조선시대 임금들이나 왕비들 능에 대해서는 과거에도 그랬고 앞으로도 일절 글에 올리지 않으려 한다. 이유는 조선시대 임금들의 왕능을 보면 여주에 있는 세종대왕 능과 내곡동의 태종의 능이나 조금 나을까 나머지는 어느 곳 하나 풍수학적으로 제대로 된 곳이 없기 때문이다.

필자가 이런 말을 하면 혹자는 옛날이나 지금이나 왕들은 조선천지 넓은 땅을 명당이라면 어디라도 제 맘대로 갖다 쓸 수 있는 사람들인데 명당이 아닌 시시한 곳에 썼겠느냐고 반문을 하는 사람들이 있겠지만 여기서 분명히 알고 넘어갈 것은 왕들의 능이라고 무조건 명당이 아니란 것이다. 그저 한양에서 하루해 거리의 가까운 수도권에서만 자리를 골랐고 또 전문 지사가 잡은 것도 아닌 그저 양지쪽이나 낮은 곳을 골라 썼다는 것이다.

여기서 전문지사가 잡은 자리가 아니란 것은 또 무슨 소리냐 하겠지만 아래 글을 보면 알 것으로 조선시대 왕들의 능 자리는 당시 궁궐 내 대신들 중 음양학을 안다는 대신들이 잡은 것으로 이들은 절대 전문지사가 아닌 외발이 지사였다.

즉 조선 초기에는 문관의 과거 시제(試題) 중 풍수학도 포함되는 음양과(陰陽科)란 것이 있었고 응시생들은 합격을 위해선 자신들이 배워온 경서(經書)외 풍수책들도 배워야 했다. 예나 지금이나 그렇지만 합격의 길은 달달 외는 것과 쓰는 것만이 상책이고 과장(科場:시험장)에서 배강(背講)을 할 땐 무슨 귀절이든 입에서 줄줄 나와 시험관의 눈을 놀라게 할수록 많은 점수를 얻는다. 그래서 합격이 된 사람은 음양과에도 도통했다는 인정이 됨과 동시 풍수가로도 인정을 받게 되고 국상이 나면 그 사람들이 이 산 저 산 다니며 능 자릴 보았고 좋으니 나쁘니 감정도 했던 것이다.

그래서 지금 우리가 보는 조선시대 역사 인물들의 약력을 보면 대부분이 천문(天文), 음양(陰陽), 지리(地理), 복술(卜術)에도 능통했다고 쓰여 있는데 문제가 바로 여기에 있는 것이다.

필자가 항상 강조하는 바이지만 다른 학문은 관계되는 서적만 가지고 서당이건 마당이건 장소에 관계없이 책만 달달 읽고 외어 머리 속에 넣으면 되지만 풍수는 절대 학문만 배워 가지고는 안 된다. 혹 그런 식으로 배워서 천문풀이와 음양풀이는 가능하겠지만 가장 중요한 산세보기와 혈자리 잡기는 패철을 가지고 산에 직접 올라 배우는 경험을 쌓지 않으면 절대로 안 된다. 이론과 실습 경험을 겸비해야 된다는 것인데 그것도 한두 해가 아닌 최소한 십 년 이상씩의 산행과 답산으로 철 따라 바뀌는 산들의 움직임을 눈에 익혀야 한다.

그래서 혈학십년[穴學十年]이란 말과,

지리지학필수견문양도[地理之學必須見聞兩到]

실서의이부등산수즉안계불명[悉書義而不登山水則眼界不明]

등산수이부실서의즉심무장본[登山水而不悉書義則心無張本]

……생략……이란 말이 있는데 뜻은 지리를 배움에 있어서는 반드시 두 가지가 있으니 학문의 뜻만 알고 산을 오르지 아니하면 눈에 한계가 있고, 반대로 산에 올라 산과 물의 뜻만 알고 학문을 모르면 완전한 공부가 아니다.

그런데 합격만을 위해 입으로만 외워 합격을 한 사람들은 학문상으로는 합격이 됐을지언정 실제 경험은 작대기 지관만도 못한 아주 엉터리들 인 것이다. 게다가 시험이 끝나면 벼슬길로 나가고 그 동안 했던 공부는 진저리가 나 덮어치우니 이런 사람들이 언제 치렁치렁한 의관차림으로 산에 올라 산 공부를 했겠느냐 하는 것이다. 그러니까 풍수의 초보자도 아니고 그렇다고 전문가도 아닌 외발이 풍수를 나라에서 키워 이들에게 능 자릴 잡게 한 것이다. 이름을 일일이 열거할 필요는 없지만 그런 사람들이 왔다갔다하며 잡은 능자리가 바로 오늘의 능 자리이며 자기들끼리도 잘된 자리다 못된 자리다 하여 시시비비가 끊이지 않고 지금 시대에 어느 풍수가가 보아도 필자와 같은 생각을 하는 자리가 오늘의 왕릉자리이다.

끝으로 쓴 소리 한마디하자면 장릉과 청령포는 관광지가 되어 많은 사람들이 찾아 든다. 그 관광객들 중 단종 폐위 때 옆에서 세조의 손을 들어주고 자신들의 영화를 누린 명신(?)들의 후손들은 조상들이 저지른 죄과에 대해 무슨 마음들을 갖는지가 궁금할 뿐이다.

도봉산과 귀성

도봉산과 귀성

필자의 졸저인 ≪좋은 땅 좋은 집터≫의 서울편에서 귀성 (鬼星)에 대한 약간의 설명을 하였으나 부족한 것 같아 도 봉산을 배경으로 귀성에 대해 다시 쓰고자 한다.

서울 중심지에서 의정부로 가는 길에 돈암동을 지나 미아 리 고개를 막 넘으면 넓게 펼쳐지는 시야로 정릉동과 길음 동이 보이고 그 뒤편으로는 하늘을 찌를 듯 높이 솟아 오른 북한산 줄기가 눈앞을 가로막는다.

산이 한 눈에 들어오는 경치와 공기가 얼마나 좋은지 방 금 고개를 넘기 전까지 답답함을 느꼈던 마음이 금세 바뀌 며 잠시나마 후련함을 느끼게 한다. 자연과 공기가 얼마나 소중한가를 느끼게 하는 순간인데 이 길을 지나는 사람이라 면 필자뿐이 아니고 같은 생각을 할 것이다.

가던 길을 계속하여 수유리를 지나면 왼편으로 보이는 산세가 북쪽을 완전히 장막을 치듯 우람하게 가로막고 더욱 힘차게 솟아오른다. 지금까지 보아온 북한산의 끝과 시작이 되는 산으로 대한민국에서 한 곳 하나밖에 없는 인수봉과 백운대가 겹쳐져 보이기 때문이다.

인수봉과 백운대를 뒤로하고 수유리와 쌍문동길을 지나면 같은 방향으로 의정부까지 또 하나의 장관이 펼쳐지는 바위산이 보이니 이름하여 도봉산이다. 산이 얼마나 높고 웅장한 지 처음 지나며 보는 사람들은 마치 금강산이나 설악산 또는 별세계(別世界)에 온 느낌이 들 것이다.

그래서 옛날 세종 때 서거정(徐居正)은 도봉산 아래를 지날 때면 산의 아름다움에 반해 멈췄다 가기를 여러 번이며 입에서 절로 시가 나왔다고 한다.

높은 다락에서 술잔들고 한 번 웃어보는데
수 많은 푸른 봉우리 뾰족 뾰족 무더기를 이루었다.
십 년 세월 하는 일 없이 귀거래시만 지었는데
백발이 다정하여 자꾸만 재촉하누나.

도봉산, 서울 북쪽에 위치한 도봉산은 북한산 다음으로 서울시민들의 사랑을 받고 있는 산이지만, 이 산도 한때는 나무 없는 벌거숭이로 수난을 겼었던 때가 있었다. 한국전쟁을 거치면서 5, 60년대 어려운 시절에 인근주민은 물론 멀리 서울에서까지 땔나무를 해 가는 통에 나무가 미처 자랄 수 없었기 때문이다. 산림감시원이 아무리 단속을 해도

[수유리쪽에서 본 도봉산]==뒤편으로 뾰족 솟아오른 곳이 도봉산이다.

효과가 없어 한동안은 죽은 산이나 다름없었다.

 그렇게 바위와 골육만 남아 있던 산이 푸르름을 되찾기

 시작한 것은 박정희 대통령 정권초기로 전국의 모든 산을
사방사업과 녹화사업화하면서 각 학교와 기업체에서 나무를
심고 가꾸면서부터이다. 늦게나마 도봉산의 중요성을 깨달
은 정부에서 1983년 국립공원지정을 하여 숲과 산림을 보호
한 것도 이 산이 푸르름을 되찾는데 한몫을 하였다.

 그러나 봄가을로 등산객들이 얼마나 몰리는지, 영(靈)이
깃든 산이 고래고래 지르는 사람들의 소리와 무참히 짓밟는
등산화에 견디지 못하는 것을 안 관리공단측에서 휴식년제
로 관리를 하니 나무와 풀이 살아날 수 있는 곳은 모두 숲
으로 변하여 다시 산을 사랑하는 사람들의 도봉산이 되었

다.

　대부분의 사람들은 도봉산을 서울 땅으로 아는데 사실은 경기도 땅인 양주군과 서울시 그리고 의정부시 경계로 나누어져 있다. 北으로는 불곡산과 西쪽으론 개명산 東으로는 수락산과 불암산이 주위에서 보호를 하듯 감싸고 있다. 정상의 바위는 얼마나 많고 큰지 십리 밖 멀리서 보거나 가까이서 보거나 산세의 웅장수려(雄壯秀麗)함과 장관미(壯觀美), 그리고 만봉(萬峰)이 어우러진 바위는 신비스러움을 자아내 찾는 이들의 경탄을 금치 못하게 하는데 수천 수만 년을 한곳에 서서 성상(星霜)과 풍우(風雨)에 깎이고 씻기며 만들어낸 자연의 걸작품은 우리들로 하여금 절로 옷깃을 여미게 만드는 것이다.

[백운대서 본 도봉산]==앞에 보이는 바위가 인수봉이고 멀리 뒤로 보이는 곳이 도봉산 정상이다.

산의 생김도 기암괴석을 갖춘 강원도의 설악산이나 지금 한창 인기를 끌고 있는 금강산과 비교해서 하나도 뒤질 것이 없다. 사시사철 일기변화에 따라 비치는 五色과 계절에 따라 천의 얼굴로 바뀌며 이런 산이 가까운 곳에 있다는 것은 산을 찾는 사람들에겐 여간 행복이 아닐 수 없다.

봄이나 가을, 구름이 낮게 드리운 날 산 정상에 오르면 중턱을 맴도는 구름은 백운을 탄 신선의 느낌이고, 맑은 날 정상에서 보는 사면의 조망은 거칠 것 하나 없이 탁 트여 실로 선계(仙界)에 오른 느낌이다.

그뿐이 아니다. 풍수에서 보는 바위모양도 여러 가지가 있다.

숫닭 벼슬[火形]의 금계형[金鷄形]

용이 승천하는 비룡승천형[飛龍昇天形],

신령스런 거북이 산에 올라 햇볕을 쬐는 령구쇄일형[靈龜曬日形]

거북이 산에 오르는 령구산상형[靈龜山上形]

스님이 불공드리는 도승예불형[道僧禮佛形] 외에 신선 승려 소귀를 닮은 우이암(牛耳岩), 두꺼비 바위, 감투 바위, 매 바위, 곰 토끼 호랑이 바위 등 이름과 표현을 붙일 수 없을 정도로 많은 바위들이 있어 조각공원과 동물농장을 보는 느낌이기도 하다.

이렇게 큰산이니 산에 대한 전설과 절이 없을 리 없다.

몇 가지 선택하면 옛날 조선창업을 한 이성계가 어느 날 꿈을 꾸었는데, 마른하늘에 벼란간 뇌성벽력을 치더니 앞에

'93 7 20

북한산 대남문쪽에서 본 도봉산

있는 거대한 산이 반으로 쫙 갈라지면서 그 속에서 귀가 열
자나 되는 거대한 미륵 돌부처가 불쑥 솟아오르는 것이었
다. 하늘이 무너지는 것도 아니면서도 장엄한 광경에 놀란
이성계는 얼른 엎드렸다. 그리고 그간의 잘못이 있건 없건
빌며 기도를 드렸다. 한참 후 머리를 들어보니 돌부처는 사
라지고 그 자리엔 바위만 남았는데 이 바위가 현재 남아 있
는 五百 羅漢(오백나한)을 모신 나한상(羅漢像) 바위이고
그 바위 덕에 훗날 임금이 되었다고 한다.

　도봉산에는 천축사· 망월사· 원통사· 회룡사가 있는데 회
룡사는 도봉산의 북부인 의정부시 호원동에 있다. 여기에는
또 다른 전설이 있는데 이성계와 무학대사가 얽힌 회룡사란
절이름의 이야기가 있다.

회룡사는 신라 신문왕 원년, 서기 681년 의상대사가 창건한 절로 처음에는 법성사(法性寺)라고 불렀다. 고려를 거치는 동안 서너 번 중·개창을 하였는데, 1383년에는 무학대사가 절의 주지로 있으면서 네 번째로 중창을 하였다. 이때는 조선창업전이라 이성계와 무학은 고려국의 신하와 승려였는데 이성계를 본 무학은 그의 앞날을 예지하였다. 무학은 그의 포부와 나라를 세우려는 경국대업(經國大業)을 위해 열심히 기도를 하였으며, 후에 조선을 창업한 이성계가 법성사[회룡사]로 무학을 찾아오자 무학대사는 한양, 즉 지금의 서울과 도봉산 바위를 가리키며 "저기 도봉산의 바위봉들이 공(公)이 임금이 되는 발상지이고, 저 산의 끝줄기가 멎고 산천이 다다른 곳이 도읍지가 될 것이다."라고 말했다. 이때는 아직 한양으로 천도(遷都)를 하기 전인데 무학은 궁궐터가 들어설 자리까지 미리 이야기를 하였으며, 도봉산의 날카로운 창검바위를 보고 무력으로 정권을 잡을 것을 예측했던 것이다.

그리고 법성사가 회룡사로 개명이 된 전설은 태종인 이방원이 왕자의 난을 일으켜 정권을 잡자 태조는 그를 임금으로 인정하지 않고 보기도 싫어 함흥으로 돌아갔다. 그러자 태종은 자식의 도리로서 신하들과 함께 태조가 한양으로 환궁할 것을 간곡하게 권했다. 마지못한 태조가 마음을 움직여 수레[輦:연]를 타고 오는데 의정부까지 온 수레가 멈춰서더니 꼼짝하지 않는 것이었다. 며칠을 두고도 수레가 움직이질 않자 한양으로 미리 와 있던 대신들이 상왕인 태조에게 결재를 받으러 오게 되었는데, 이를 보고 안타까이 여긴 무학대사가 어서 수레가 움직이라는 뜻으로 회란용가(回鸞龍駕)를 지어 기원하니 수레가 즉시 움직였다. 그러나 태조는 한양으로 가지 않고 다시 함흥으로 되돌아갔다. 그래서 왕(王), 즉 용(龍)이 되돌아[回] 갔다하여 회룡사(回龍寺)라 개칭하였다고 한다.

전설을 간직한 도봉산을 풍수학적으로 볼 때 무슨 뜻이 있고, 어떠한 역할을 하는지 사람들은 알기나 할까, 사람들은 산 정상에 오르면 올랐다는 성취감에 땀 씻고 웃통 벗고 앉아 소리나 질러 잠자는 산신령이나 놀라게 해놓고, 여기에 한술 더 떠 지저분한 종교인들과 무속인들까지 올라와 미친 듯 발광으로 산을 놀라게 하며 더럽힐 뿐이다. 한편 채석업자들은 어떻게 하면 저 바위들을 캐어내서 떼돈을 벌수 없을까하고 군침이나 흘리는 산으로 밖에 보지 않을 것이다.

그러면 이제 도봉산의 위치를 풍수학적으로 알아보자.

풍수학적이라고 해서 도봉산이 뭐 거창하게 王后將相之地 (왕후장상지지)나 노벨상 수상 할 인물이 나오는 묘자리, 집자리 터가 있다는 것은 아니다. 되풀이하는 말이지만 산 전체 어느 곳을 보나 바위 덩어리로만 뭉쳐 생기다시피 하여 악산(惡山)에 불과하고, 이런 산에서 묘자리니 집자리니 하는 것은 찾으려야 찾을 수 없으며, 있다고 해도 좁아서 쓸 수도 없는 산이다.

그렇지만 도봉산이 그렇게 쓸모 없고 못 생긴 산이 아니다. 어느 산이나 마찬가지이지만 모든 산은 생김에 따라 뜻이 있고 쓰임새가 있듯 도봉산도 뜻이 깊은 산으로, 산이 차지하는 의미와 무게, 그리고 중요함은 글과 말로는 표현할 수 없을 만큼 크다.

　우선 북한산과 연이은 도봉산은 서울의 태조산(太祖山)이며 진산(鎭山)이다. 국가에선 국조(國祖)이고 문중에선 시조(始祖)에 해당되는 도봉산은 나라가 생기는 입국건도(立國建都)의 역할을 하는 시초산(始初山)으로 북한산을 밀어주는 推進中心軸(추진중심축)의 산이다. 그래서 조선의 오백년 鴻業(홍업)도 오로지 이 도봉산의 정기 때문이었다는 풍수적 전설도 있다. 즉 이 도봉산의 연산맥이 강원도 철원의 금강산 줄기에서 갈라져 서편으로 起伏(기복)을 이루며 내려오다가 도봉에 와서 머물렀는데 철원에서 도봉산까지 산맥의 거리가 五百里라 하여 조선이 오백년을 이었다는 이야기도 있다.

　이렇게 한양도읍지가 정해진 후 우리가 사는 지금까지 많은 고비를 겪었으면서도 무너지거나 다른 국가에 영구히 점령당하지 않고 수천의 인구가 모여 살고 있는데, 이것은 도봉산이 밀어주는 강한 지기지력(地氣地力) 때문이다.

　이런 도봉산을 풍수에서는 4대성(四大星)인 관성(官星)·귀성(鬼星)· 금성(禽星)· 료성(曜星) 중 귀성(鬼星)에 속한다. [관· 귀· 금· 료에 대한 자세한 설명은 '좋은 땅 좋은 집터'참조]

　여기서 잠깐 다른 설명을 하자면 귀할 귀(貴)의 귀성(貴

星)이란 것도 있다. 이십사방위(二十四方位)의 잘 생긴 봉우리가 있을 때를 보는 것으로 천을(天乙), 태을(太乙)은 물론 자미성(紫微星)· 태미성(太微星)· 소미성(小微星)· 천시성(天市星)· 남극성(南極星· 염정성(廉貞星) 등을 貴星이라 한다.

그리고 여기 도봉산을 말하는 귀신"鬼"의 鬼星이란 산이 처음 생길 때 시초(始初), 발기(發起)를 하는 산으로 흔히 증조산(曾祖山)이나 고조산(高祖山)과 비교할 때도 있다. 맡은 임무는 언제나 뒤를 보좌하면서 앞으로는 추진을 시키고 뒤로는 밀리지 않게 하는 역할을 한다.

귀성의 원문 용어를 보자.
=鬼星論=
귀성유무[鬼星有無]
부귀빈천재차[富貴貧賤在此]
귀성미고즉자손귀[鬼星美高則子孫貴]
귀성광대즉출부귀[鬼星廣大則出富貴]
귀성고용연봉즉출귀등관[鬼星高聳連峰則出貴登官]

설명은 모두 鬼星의 有無와 모양만 보고도 후손들의 富貴貧賤을 안다고 하는 것과 생김에 따라 후손들의 삶이 달렸다는 것이다. 이렇듯 중한 귀성은 도봉산에서 북한산을 걸치는 용맥처럼 몇 십리 大龍勢(대용세)가 있는가 하면 짧은 용세도 있으며 산세에 따라 인물도 달라진다.

또 다음과 같은 원문도 있다.
鬼星如長拖尾或飛裊如旂脚垂地[귀성여장타미혹비뇨여기각
수지]
귀성의 생김은 길게 끄는 꼬리나 땅에 길게 드리운 용의
꼬리와 같다.

或然鉅齒後頭生或作蛇牛鼠虎尾[혹연거치후두생혹작사우서
호미]
혹 머리 뒤로 솟은 거대한 갈고리 모양이거나 혹 뱀 소
쥐 호랑이 꼬리를 닮기도 하고,

後頭帶劍送拖來或作刀槍後頭出[후두대검송타래혹작도창후
두출]
혹은 치켜세운 창이나 칼끝이 어깨 위 머리 뒤로 솟아 오
른 모양 같기도 하며,

或作丫角春筍生筆架峭峭雲霄起[혹작아각춘순생필가초초운
소기]
두 갈래 뿔이나 봄에 나는 죽순 꽂아 놓은 붓 구름을 뚫
고 솟아 오른 산봉우리 같기도 하며.

如帳孔雀如鷄尾[여장공작여계미]
활짝 펼친 공작의 꼬리나 닭의 꼬리 처럼 생긴 것이 있는
데 공작의 꼬리는 아주 극품이고 수닭의 꼬리는 그 아래

다.

이상은 귀성과 생김에 대한 원문 설명이며, 그 외에도 여러 가지가 있으니 병풍(屛風)· 옥궤(玉几)· 화개(華蓋)· 옥침(玉枕)· 복종(覆鍾)· 둔고(頓鼓)이며, 이는 잘 생겼을 때의 것이고 못생긴 鬼星도 있다.

힘없이 낮고 움푹 패이거나[無氣低陷무기저함]
어지럽게 흩어지거나[散亂산란]
한쪽으로 기울어졌거나[便斜편사]
너무 멀거나 넓은[廣遠광원] 귀성은 못쓴다.

도봉산 창[槍] 검[劍] 기치[旗幟]
설명=[바로 도봉산의 생김이 수백 개의 깃발이 꽂힌 모양이며 조선을 건국한 이성계가 장군을 이끌고 남으로 향하는 모양이기도 하다].

도봉산을 다른 각도에서 볼 때 또 다른 면이 있으니 도봉산에서 북한산을 거쳐 백악산 줄기까지를 보면 조선 태조의 건국과정에서 마지막 임금인 순종이 간판을 내리기까지 오백 육십여 년의 역사를 그대로 보는 느낌이다.

우선 역대 임금의 집권과 정치과정을 보면 도봉산에서 시작되는데 즉 도봉산은 거의가 문필봉(文筆峰)과 기치봉(旗幟峰)그리고 창검(槍劍) 모양의 바위가 많으니 이는 창칼로 건국을 한 태조에서 태종의 시대를 나타내고 도봉산 끝줄기 우이령까지의 산세는 약해지면서 이리저리 뻗어 갈라지니 세종 문종을 지나 나약한 단종까지의 시대를 본다.

그리고 북한산이 시작되고 인수봉이 있는 백운대는 단종 으로부터 정권을 탈취한 수양대군 세조를 나타내며[세조는 어느 임금보다 주위에 사람들이 많았음] 만경대에서 용암봉 을 지나 정능 보국문(輔國門)까지 산세는 힘없이 길게 내려 오며 중간중간에 바위가 울뚝불뚝 솟았으니 이는 세조 이후 예종에서 국난을 겪은 선조와 인조 그리고 영조를 지나 철 종시대 까지를 나타낸다.[임금들의 폭정과 무능 兵 病 火 三災亂 에 饑饉(기근)이 끊이질 않았음]

그리고 보국문에서 대성문을 지나 급격히 치솟은 보현봉 (普賢峰)까지의 산세는 비슬거리던 국가의 기강과 왕권을 바로잡은 대원군과 고종의 시대를 나타낸다.[보국문까지 힘없 이 내려오던 산세가 여기부터는 다시 층층봉을 만들어 보현봉에서 치솟아 올라 북한산 줄기 중 제일 높은 高峰이기 때문].

그러나 고종에서 순종을 거치면서 나라는 외풍에 시달리 다가 결국에는 조선이란 간판을 내리고 마는데 이는 보현봉 에서 경복궁이 있는 백안산까지 급경사로 내려온 산세 때문 이다.

또 다른 면도 있다. 위에서 말한 대로 무관인 이성계가 세운 조선은 차차 문관[세종-순종]들이 득세하면서 국정을

[대성문 능선에서 본 보현봉 산세]==북한산 백운대 만경봉 노적봉 응암봉에서 내려
온 산세는 보국문과 대성문을 지나면서 보현봉까지 급한 산세로 치솟아 올랐다.

좌지우지하는 바람에 각 파벌이 생기고, 파벌이 생기니 상
대방이 하는 일은 모두 그르다고 시시비비 사사건건 물고늘
어지며 상소질과 모함질로 많은 사람을 죽이며 오백 년이란
세월을 보냈다.

그것은 해방 후 이승만 정권시절부터 지금까지 하나도 다
를 바 없어 이권을 노리는 각종 단체들이 전쟁에 임하는
군사들처럼 수많은 깃발을 휘날리며 힘으로 밀어 부치는 무
력시위와 데모가 끊이질 않는데 이는 도봉산과 북한산의 뾰
족뾰족 솟은 창검봉(槍劍峰)과 문필봉(文筆峰)을 닮은 바위
때문이며, 한편 선비[學者]와 무관들이 많이 나는 것도 도
봉산의 문무봉(文武峰) 때문이다.

그래서 그런지 해방 후 무관(武官)들의 정치는 그런대로 부국강병(富國强兵)에 물가(物價)를 안정시키고 경제발전(經濟發展)을 하였으나 문관의 탈을 쓰고 정권탈취가 목적인 사람들, 특히 제대로 배우지도 못하고 도덕성도 없는 학지불명(學之不明), 덕지불립(德之不立)한 자들이 지역감정과 민주화를 빌미로 학생들을 이용하여 길거리로 내몰고 잡은 정권은 고물가에 실업자나 배출하고 개인 영달에만 치중하다가 나라를 수렁에 빠트리고 말았다.

문관의 정치로는 국민들의 배고픔 하나 해결하지 못하는 실정인데, 이것은 도봉산 생김대로 이 나라는 너무 잘난 자들이 많아 무관이 다스리지 않으면 안 되는 나라이기 때문이다.

이처럼 대한민국의 국운은 우연이 아닌 모두 도봉산과 북한산 산세와 지기(地氣) 때문인데 수도(首都)를 다른 곳으로 옮기지 않는 한 후손들 대에도 쳇바퀴 돌 듯 되풀이 될 것이다.

약간 곁길로 들어가기는 하지만 잠시 산세 이야기를 하자면, 우리는 어느 집안이 대물림으로 줄과부나 줄홀아비만 사는 집을 보았을 것이다. 이는 산의 영향을 받기 때문인데 대부분 도봉산 산등성처럼 날카롭고 좁은 곳이거나 너무 평평한 곳에 계속해서 묘를 쓰면 그런 집안이 생긴다. 그것도 가까이 붙여서 말이다. 이게 바로 위에서 말한 줄과부 줄홀애비가 줄줄 나오는 자리이며, 심한 경우 四, 五代 또는 五, 六代까지 계속되는 자리이다.

그리고 살기(殺氣)와 무기(無氣)의 산이 있다. 그러나 한 가지 위안이 되는 것은 그런 산이면서도 살아있는 사람들은 부귀를 누린다. 출세를 하고 재산은 불어나는 것이다.

그뿐이 아니다. 태어나는 후손들의 얼굴도 산세를 닮아가 산이 날카롭고 좁은 곳에서는 태어나는 후손들도 얼굴이 좁고 콧날이 날카로우며 산이 야산이거나 평지이면 둥근형의 얼굴이 나온다. 그런데 이런 얼굴은 거의 홀아비나 과부상 이며 좀 섭한 글을 쓰자면 초년이나 중년에 홀아비나 과부가 되던지 아니면 再娶再嫁(재취재가) 또는 재재취가(再再娶嫁)를 하여 가는 곳마다 아이를 생산하고 더 섭섭한 글을 쓰자면 그런데도 命은 길어 오래 살아 자손들이 먼저 죽는 아주 험악한 꼴도 보게 된다. 가슴에 한을 품는 것이다.

관상얘기가 나왔으니 말인데 산의 생김이 금목수화토 오형(五形)이 있듯 사람의 얼굴도 마찬가지로 둥글면 토형(土形), 길면 목형(木形), 사각이면 금형(金形), 이마가 좁고 턱이 넓으면 수형(水形), 반대로 이마가 넓고 턱이 좁으면 화형(火形)인데, 여기서 또 이목구비도 금목수화토가 있다. 한 예로 얼굴과 콧날이 길면 목형, 둥글면 토형이며 나머지 설명도 위와 마찬가지이다. 보충 설명을 하자면 산의 목형은 위로 높이 솟은 산이고 사람의 얼굴도 긴 얼굴을 목형으로 보지만 코는 길되 높아야 목형으로 본다.

그런데 약간의 차이는 있지만 콧날이 높거나 낮은 사람치고 남자나 여자나 행복한 사람이 드무니 만일 콧날이 높고 입이 뾰족하거나 뻐드렁니거나 눈이 크고 둥글거나 이목구비의 균형이 안 맞으면 홀아비나 과부 또는 독신상이며 입술과 얼굴이 얇으면 극빈 상(相)이다.

이렇듯 묘를 씀과 지기(地氣)에 따라 팔자와 운명을 좌우하는 얼굴을 타고나니 산과 풍수가 얼마나 무서운 것인가? 후손들의 미래를 약속하는 것은 잘 생긴 산을 고르는 외 다른 도리가 없다.

다시 도봉산 이야기로 돌아가 도봉산을 또 다른 면으로 볼 때 귀사(貴砂)인 만상아홀(滿箱牙笏)로 보기도 한다. 만상아홀이란 주변에서 혈을 돕는 하나의 사(砂)로 혈 앞에 있을 때 더 없이 좋다. 생김은 도봉산처럼 솟은 바위가 다섯 이상일 때만 만상아홀로 보는데 크기가 비슷한 바위 봉들이 일정한 거리를 두고 촘촘히 박히듯 있어야[相連]한다. 서울의 상계동 뒤 수락산이나

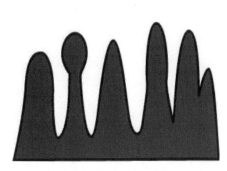

[만상아홀]=대장군의 깃발이 가득한 만상아홀이다.

불암산 그리고 마석의 천마산 정상에서 보면 정확한 만상아홀로 보인다.

이 만상아홀에 중요한 뜻이 있다. 아홀(牙笏)의 아(牙)는 어금니를 뜻하지만 또 다른 뜻으로 군사를 지휘하는 대장의 깃발이라는 大將旗(대장기)라는 뜻도 있다. 대장기란 말 타고 싸우는 전쟁터에서 휘날리는 진군(進軍)의 깃발이

아니고 군(軍) 최고의 우두머리 장수나 대장을 뜻하는 것으로 요즘으로 말하자면 육해공(陸海空) 삼군(三軍)의 최고수(最高首)들이 전역식이나 이취임식(離就任式)을 할 때 서로 넘겨주고 받는 군기(軍旗)를 가리킨다.

그리고 여기도 上中下의 품계가 있으니 도봉산처럼 잘 생긴 만상아홀은 고위직 장군의 대장기이고 차츰 아래로 내려가며 군단장이나 사단장의 대장기가 있다.

그래서 어떠한 자리, 즉 묘나 집터에서 보아 만상아홀이 보이면 대단한 發蔭(발음)을 받아 국가에는 동량이고 집안에는 인재가 되는 인물이 나오는데 군왕(君王)이나 영상지지(領相之地)의 귀사(貴砂)가 된다. 다시 말해 생김이 뾰족한 바위이니 장원필([壯元筆峰)이 되기도 하고 옥당귀인(玉堂貴人)이 되기도 한다. 옥당귀인이란 만상아홀처럼 생긴 여러 봉우리 중 첫째 봉이나 끝봉 하나가 다른 봉에 비해 높이 생긴 것을 말하는데 역시 벼슬을 뜻하는 관귀체(冠貴體)의 귀사(貴砂)이다.

그리고 좋은 것이 있으면 당연히 나쁜 것도 있듯이 만상아홀이 좋은 것만은 아니다. 나쁜 것은 역시 보는 방향에 따른 것으로 너무 뾰족하거나 강한 창검처럼 보이면 살기(殺氣)의

[玉堂貴人]=귀인을 대표하는 옥당귀인.

사(砂)가 되어 총칼을 사용하여 인명을 살상하는 살인자가 나오거나 평생 감옥을 제집처럼 들락거리는 후손이 나온다.

이 도봉산에도 묘가 있다. 산인데 묘가 있다고 해서 이상할 것은 없지만 자리가 되는 밑자락에 있는 것이 아니고 윗자락 7. 8부 되는 능선 구석 남이 안 보이는 곳에 있는 것이다. 사실 자리란 도봉산의 주능선처럼 생긴 날카로운 등뼈나 척추부위는 殺氣(살기)가 있어 원칙적으로 쓰는 것이 아니다. 기(氣)도 모이지 않거니와 혹 모인다해도 설기(泄氣)가 되고 殺이 되기 때문이다. 정히 쓴다면 고취혈(高聚穴) 또는 仰高穴(앙고혈)이라고도 해서 쓰는 산도 있는데 이때는 다르다.

結於高山之上　或結於半山之中[결어고산지상혹결어반산지중]
然福力一時 不能錦遠於異代[연복력일시불능금원어이대]
且有絶嗣之患矣[차유절사지환의].

설명은 산 정상 꼭대기에 혈이 있고 반쯤 내려온 곳에도 있는데 이곳에 쓸 수 있다. 잠시 발복은 되나 머지않아 남의 자손으로 대를 잇는데 그것도 또 절손이 되어 우환이 들 끓기도 한다.

그리고 다암난석지처물장개(多岩亂石之處勿葬皆) 또는 난석물장(亂石勿葬)이라고 하는 말이 있는데 바위나 돌이 많은 곳에는 장사지내지 말라는 뜻이다.

　설명대로 높은 곳은 잠시 발복은 되나 후대가 영원치 않으며, 고취혈이니 앙고혈이니 하는 것은 둘째치고 이런 곳에 묘를 쓰고 발복을 바라는 사람들의 마음이 문제이다. 즉 자신이 조상의 해골을 이용해 잘 살아보겠다고 싸짊어지고 이리저리 옮기는 자체도 그렇거니와 그 높은 곳에 어떻게 성묘를 다닐 것인가. 이런 후손들은 아무리 명당에 썼다해도 발복 이전에 패가망신(敗家亡身)이 더 빠를 것이고 필자도 이런 곳에 묘 쓴 사람들 치고 사발농사(沙鉢農事)로 망했으면 망했지 인물 나왔다는 소리 들어보질 못했다.

　그리고 이런 산에 쓴 묘는 눈여겨보지 않으면 일반인 눈에 쉽게 보이지 않을 정도로 봉분이 작고 감춰진 듯 써놨다. 이유는 모두 거의 密葬(밀장)을 한 묘로서 조상의 뼈를 이용하여 돈 벌고 출세하여 잘 살아보겠다는 음흉한 사람들과 그런 사람들의 심리를 이용하여 양심을 팔아먹는 비양심의 풍수가들 때문인데, 도봉산뿐이 아니고 전국의 유명한 국립공원이나 도립공원 외 유명하다고 생각되는 산을 올라보면 어김없이 묘가 있다.

　그래서 진정 풍수가라면 그런 험하고 큰산에 묘를 쓰라고 권하지도 않고 묘를 써줘도 안 되는데, 사람들 마음이 어디 그런가, 권하고 찾는 사람들이 있으니 그런 일이 생기는 것이다. 문제는 쓰려고 하는 사람들의 마음이 문제다. 이런 사람들을 가리켜 오불용(五不用)의 하나라고 하는데 풍수에 너무 집착하여 이장을 해 걸이로 밥먹듯 하는 사람과 묘를 쓴 다음 다른 풍수가를 계속 초빙하여 감정을 받는 사람, 집안에 무슨 일만 일어나도 풍수 탓으로 돌리는 사람, 쓸 때는 풍수가에게 부탁하고 쓴 다음엔 무당의 말을 듣는 사람, 이리저리 옮겨다니며 말이 많은 사람 등을 말하는데 절대 상대해서는 안 된다.

이런 오불용의 사람들 때문에 백두대간이며 척추인 설악산부터 시작하여 태백산줄기까지 이어지는 모든 높은 산과 강원도의 치악산, 오대산, 경남 전남의 지리산, 충남의 계룡산, 전주 모악산, 장성에 백양산, 부안의 변산, 충북의 속리산 서울의 북한산 등 능선이나 골짜기마다 묘 없는 곳이 없고 어떤 묘는 얼마나 높고 험준한 곳에 썼는지 한 번 오르려면 점심과 등산장비를 갖춰 로프나 자일을 타고 올라가야 할 정도로 험하고 높은 곳에 쓴 묘도 있다. 필자의 상식으로는 절대 이런 곳에 명당 없다.

그리고 이런 묘들은 몰래 쓴 도장이라 공원감시원과 남의 눈이 무서워 봉분도 작은 솥뚜껑 만하게 만들어 놓고 잔디도 못 입힌 채 솔잎과 가랑잎을 긁어모아 덮어놓았다.

경험담으로 속리산 줄기에 쓴 사람 이야기를 들어보면 모 지관에게 자리를 부탁하니 여기는 천하 대명당이라 묘를 쓰면 당대 발복은 물론 자식들이 천년 부귀영화를 누리는 자리라고 하여 묘를 썼단다. 그러면서 그 지관 하는 말이 이 자리는 거북의 머리가 되는 자리라 산에 올라가면 거북이 놀라서 발복이 안 되니까 올라가지도 말고 벌초도 하지 말며 성묘는 삼 년 에 한 번만 하되 그것도 비가 많이 오는

해만 하고 또 여기에 묘 썼다는 것을 다른 사람들에겐 절대
비밀로 하라고 하더란다. 만일 자기 말을 어기고 입밖에 내
면 天氣漏泄(천기누설)이 되어 집안도 망한다고 말이다.

　이 이야기는 옛날 이야기가 아니라 근래의 일이고 지금도
국유지만 골라 다니며 명당이라고 팔아먹고 쓰는 얌체들이
있는데 한마디로 못된 짓들이다. 풍수 글을 쓰면서 필자가
항상 강조하는 것은 설악산이나 태백산, 치악산 또는 도봉
산처럼 높고 바위가 많은 곳은 절대 자리가 없으며 혹 있다
해도 그런 산에서 인물 나왔다는 소리 듣지 못했다. 그러니
독자들은 차후 도봉산 이상의 높은 산꼭대기에 아무리 좋은
천하대명당의 자리가 있다고 별소릴 다해도 이건 거짓말이
니 절대 속거나 쓰면 안 된다. 만일 학문을 무시하고 썼다
간 머지 않아 서울역 지하도로 밀려나 찬바람에 이빨을 떨
게 된다.

　도봉산! 용이나 뱀이 앞으로 진행을 할 때 뒤에서 밀고
균형을 잡아주고 뒤로 후진을 하거나 밀릴 땐 밀리지 않게
버티어 주는 역할을 하는 도봉산, 그래서 수도 서울의 힘을
넣어주는 산이다.

　이상이 도봉산을 풍수학적으로 쓴 것이다. 도봉산을 보거
나 근처를 지나는 사람들은 어디서 보든지 도봉산이 보이면
저 산이 있음으로서 나라와 우리가 있고 우리들에게 베푸는
혜택과 고마움을 다시 한 번 생각하기 바란다.

　끝으로 도봉산에는 신라 선덕여왕 8년에 혜호조사가 창건
한 망월사를 비롯하여 역시 신라 문무왕 때 의상대사가 창

건한 천축사와 회룡사, 그리고 도선국사가 세웠다는 원통사
가 있다. 산의 높이는 높이 739.5m 라는 기록도 있고 717m
라는 기록과 729m라는 기록이 있어 어느 것이 정확한지 모
르니 독자들의 판단에 맡긴다.

제일 높고 잘 생긴 바위봉은 자운봉을 비롯하여 만장봉,
선인봉이 있고 계곡으로는 도봉산계곡, 안골계곡, 무수계
곡, 원도봉계곡, 송추계곡, 회룡골계곡이 있다. 등산하기
좋은 봄가을에는 수많은 등산객들로 인하여 좁은 등산로는
하루 종일 발 디딜 틈 없이 북적댄다.

풍수학적으로 본 도봉산. 우리는 그냥 등산과 휴식만을
위한 산으로 알고 그 외는 쓸모 없는 아무렇게나 생긴 산으
로만 보던 도봉산이 그 가치가 얼마나 크며 무슨 역할을 하
는지를 알게 되었을 것이다.

서울의 명당 터

서울의 명당터

관악산에서 바라본 서울 모습

풍수학에서 보기를 터가 좋으면 생기가 돌아 사람이 모이고, 사람이 모이면 돈과 재물도 따라 모이며, 돈이 모이면 사람도 다시 모인다. 반대로 터가 나쁘면 정 반대로 돈과 사람이 모두 떠난 죽은 터가 된다. 즉 명당엔 사람들과(人聚集處:인취집처)   돈(財貨聚集處:재화취집처)이   모인다는 뜻이다. 나라 전체를 볼 때는 서울이 명당이라 그렇지만 서울을 따로 볼 때는 그 중에서도 사람과 건물이 먼저 모이고 지어지는 곳이 있다. 그러면 서울에서 사람이 제일 많이 모이는 곳은 어디일까? 지금은 인구가 너무 많은데다 웬만한 야산은 모두 잘리고 고층건물이 들어서서 옛 모습을 볼 수 없지만 필자가 본 서울의 5, 6십 년대로 거슬러 올라가면 다른 곳에 비해 우선 많은 사람들이 모였던 곳을 볼 수 있었다.

그곳은 모두 북한산 줄기가 머무는 북악산과 인왕산, 남산 낙산 아래로 이들 산 아래로는 왜정 때부터 많은 사람들이 몰리거나 시장 또는 공공시설이나 학교가 들어서면서 서울의 면모를 세우기 시작했다. 그 중에 대표적인 곳이 낙산의 지기를 받는 동대문 근처 종로 6가와 청계천 6가로, 이 일대는 한국전쟁이 끝나고 복개공사가 시작되면서 일찌감치 사람이 모이는 곳이 되어 그때나 지금이나 항상 바글바글 끓고 있는데, 지금은 동대문종합시장과 혼수상가 그리고 건너편으로 청계천 복개와 함께 길게 늘어서 지어진 평화시장, 동평화시장, 흥인시장을 비롯하여 을지로 6가 쪽으로 덕수상고와 서울운동장이 그곳이다.

그래서 이 일대의 흐름을 가만히 주시해보면 지금의 동대문종합시장과 앞의 주차장 자리는 전에 전차종점이 있던 자리로, 전차에 의지해 살아가는 사람들을 모으게 하다가 그곳이 없어지고 대신 대형 시장건물이 들어서면서 한편으론 고속버스터미널도 들어섰다. 그러자 차와 사람은 전보다 더 많이 모여 하루종일 들끓었다. 사람들이 너무 모이고 자리가 비좁자 터미널은 반포로 이전을 하였다. 그러나 종합시장의 혼수상가는 결혼준비를 하는 사람들로 여전히 인산인해를 이루고 있다.

그런데 이보다 먼저 생긴 것은 당시로는 최현대식 건물로, 복개된 청계천을 따라 길게 지어진 평화시장이었다 일, 이층의 의류상가와 쉐터를 짜는 편물공장이 들어있는 평화시장은 당시로는 서울시내 명물이었고, 서울과 지방으로부터 옷을 사려는 사람들로 항상 장사진을 이뤘다. 뿐만 아니라 먹고살기 힘든 때, 서울이나 시골에서 올라온 처녀총각들의 취직자리의 선망이 되기도 했고, 지게꾼들이나 리어커꾼들의 생활터전이기도 했다. 사람들을 끌어 모은 괴력의 건물인 것이다.

그리고 평화시장 뒤편 모 상업고등학교와 서울운동장도 사람을 끌어 모으는 장소였다. 그러나 그것은 옛날 이야기고 이제는 이 일대가 또 다른 탈바꿈을 하여 학교가 있던 자리와 그 부근은 낮, 밤을 가리지 않고 더 많은 인파가 모이는 곳이 되었으니 두산타워, 밀레오레, 프레야타운 등 백화점과 쇼핑센터 마천루군이 들어섰다.

그러면 이렇게 사람이 모이는 것은 무슨 이유에서일까? 주변을 돌아보고 하늘을 올려봐도 사람을 이렇게 많이 모이

게 하거나 쏟아 부을 그 아무것도 없다. 해법은 다름아닌
북한산에서 보현봉을 이어져 내려오는 여기지맥(餘氣地脈)
의 기운을 받은 때문이며, 그래서 이 일대는 일변일(日變
日) 일익일(日益日) 무섭게 번창을 하고 있는 것이다.

역시 사람이 많이 모이는 곳을 말하라면 남대문 시장을
빼놓을 수 없다. 동대문 일대와 같이 남산의 지기를 받는
남대문 시장은 역사도 꽤나 깊은 곳이다. 조선시대 칠패시
장으로 불리우던 남대문 시장은 지금까지 남아있는 재래시
장 중 가장 역사 깊은 시장으로 많은 애환도 간직하고 있
다. 취급하는 상품도 다양하여 비행기와 미사일만 빼고는
무엇이든 구입이 가능한데다 볼거리, 먹을거리도 많아 외국
관광객들도 즐겨 찾고 있다. 그런데 여기에도 변화의 물결
을 타고 하루가 나르게 동대문 일대와 같이 고층건물이 들
어서고 있으니 역시 북한산에서 남산으로 이어지는 지기를
받은 때문이며, 수백 년의 역사를 앞으로도 계속 유지해 나
갈 것이다.

모악산(母岳山)과 연세대학

다음은 모악산 아래 있는 연세대학교 터로 이 자리 또한
대단한 지기를 받는 곳이다. 학교와 시장은 사람 모으는 데
는 따라갈 그 무엇도 없다. 그러나 그것도 자리가 좋아야만
그렇게 되는 것이지 무턱대고 사람이 모이지는 않는다. 그
동안 없어진 시장과 학교는 얼마든지 있고, 앞으로 10년 20
년이면 또 사라질 학교와 시장들도 많을 것이다. 터와 지기
가 그만큼 중요한 것인데 여기 연세대학교 자리야말로 학교

가 사라지거나 없어질 염려 없는 만년 영구불멸의 자리인 것이다.

30여만 평이나 되는 대야평(大野坪) 넓은 자리에 세워진 연세대학 터는 조선초기 한때 궁궐 후보지로 거론되었던 터이기도 하다. 하륜(河崙)이 주창을 하였으나 여론은 자리가 좁아 지금의 백악산 아래로 밀렸다고 하는데 만일 자리가 조금만 넓었다면 경복궁은 백악산 아래가 아닌 모악산 아래 들어섰고, 연세대학이란 이름도 없었을 것이다. 그러나 오백 년이 흐른 지금 그 터에는 궁궐대신 학문의 전당인 연세대학교가 들어앉아 요즘말로 청와대를 움직일 많은 인재들을 배출하고 있는데, 사실 이 자리는 필자가 보아도 도읍지가 되고도 남을 큰 자리인 것이다.

우선 강변에 위치한 그 터는 북한산의 천리행룡의 끝인 것이다. 서울을 만들게 한 북한산, 보현산, 백악산, 인왕산으로 이어지는 산맥이 모악산에서 멈추었다가 南과 西로 支脈을 만들며 두 줄기로 나가니 서쪽으로 이어지는 지맥 끝 넓은 터가 오늘의 연세대학자리로 대단한 지기(地氣)가 모이는 영구불멸의 대 명당이다.

뿐만 아니라 풍수학적 사대신(四大神)인 현무[主山] 주작 [案山] 청룡[左] 백호[右]가 완벽하고 여기에 한강물까지 합하여 입수(入首-주산인 모악산), 좌(坐), 득수(得水), 수구(水口)의 사대국(四大局)도 뚜렷하다. 입수 주산인 모악산을 애기하였는데 주산이 저렇게 잘 생기면 국세크기에 따라 능히 궁궐터로서도 손색이 없고 군(郡) 또는 현(縣)의 청사(廳舍) 터가 되고도 남는다.

특히 학교를 감싸는 청룡 백호 끝 부분이 지금은 개발에 밀려 집들이 들어서고 잘리고 하여 많이 훼손됐으나 그래도 길가와 정문부분부터 어깨부분까지의 원형산은 살아있다.

그리고 앞을 흐르는 한강물 또한 풍수적으로 빼놓을 수 없는데 유유히 흐르는 물은 자리와 걸맞게 물도 크며 앞을 휘감아 과당(過堂)을 하고 서쪽으로 나갔다.[山大則水大 山小則水亦小].

그리고 한가지 더 볼 것은 학교 앞을 휘감는 철로와 강가의 솟은 각종 귀사 강 건너의 안산, 그리고 눈으로는 보이지는 않지만 강화도 섬으로, 학교 앞을 반이나 휘감아 돌아가는 철길은 후에 인공적으로 생긴 것이지만 이 철로의 둑이 강물과 같이 허리의 힘을 실어주는 내외요대사(內外腰帶砂) 역할을 하고, 한편으론 앞이 너무 허한 것을 막아주는 역할도 하고 있다. 그리고 강 건너 안산인 관악산과 김포공항 서편 계양산은 면류관(冕旒冠)과 복건(幞巾), 그리고 재물과 부귀를 뜻하는 창고봉으로 대단한 귀사(貴砂)이다. 그리고 학교 터에서 보이지는 않지만 한강하류에 위치하고 있는 강화도는 서울 경복궁 터를 기준으로 볼 때 한강물이 흐르면서 따라 생기는 설기(洩氣)와 허함을 막아주는 귀사(龜砂)의 귀사(貴砂)로 학교에도 많은 도움과 영향을 주고 있다. 풍수학적으로 한양궁터에 따라붙는 좋은 조건들을 모두 이용하고 있는 것이다.

연세대학과 쌍벽을 이루는 대학을 찾으라면 세상이 주지하다시피 서울대학교와 고려대학교를 꼽을 것이다. 서울대학은 관악산의 지기를 받은 때문이라고 여러 번 논하여 생략하고 고려대학의 터를 논하자면 이 터 또한 그냥 보아 넘길 수 없는 자리이다.

먼저 고려대학의 창립과정을 간추리면 구한말인 1905년 당시 조정의 거물인 내장원경(內藏院卿) 이용익이 지금의 종로구 수송동에 있는 아어학교(俄語學校:러시아어학교) 건물을 빌려 사립보성전문학교란 이름으로 문을 열었다. 이용익은 1882년 임오군란(壬午軍亂)으로 고종비인 민비가 군란을 피해 장호원에 피신해 있을 때 고종의 편지를 가지고 하룻밤에 지금의 음성장호원 대덕리 민비가 숨어 있는 집까지 뛰어가 편지를 전해준 인연으로 벼락출세를 한 사람이다. 벼슬은 높이 올랐지만 후에 개인과 국내사정으로 러시아에 망명을 하자 자연 학교는 돌보는 이 없어 경영난에 어려움을 겪게 되었다.

의암 손병희 선생이 잠시 경영을 물려받았으나 일본경찰에 피검되는 바람에 다시 학교경영은 재정난으로 어려움을 겪게 되었다. 1921년에는 학교에 뜻을 둔 김기태 씨와 김원배 씨 등 여러 사람의 모금으로 운영은 순조로운 듯했으나 1929년에 이르자 세계적 공황의 여파로 다시 심한 어려움을 겪게 되었다. 학교가 어려움에 처하자 수송동에서 낙원동으로, 낙원동에서 송현동으로 옮겨야 했다. 이때 나타난 사람이 동아일보 경영주이며 부통령을 역임한 인촌 김성수이다. 인촌은 선친들의 넉넉한 재정을 바탕으로 학교를 인수하여 1933년에 안암동의 넓은 대지를 확보하고 건물을 지어 옮기니 오늘의 고려대학이다.

고려대학의 터를 보면 가히 입을 다물지 못할 만큼 기가 넘치는 자리다. 그냥 좋다고 하면 독자들이 궁금할 것이니 다른 예를 들어 설명을 하자면, 산이 강하면 사람도 강하고 산이 약하면 사람도 약하다는 말이 있다. 그 예로 백두대간 의 지기를 받아 세워진 신라는 바닥이 좁은 경주에 있으면 서도 사람이 강해 천년이나 나라가 유지되고 인구와 면적 그리고 곡창지대가 몇 배나 큰 백제를 멸망시켰다.

이를 보더라도 뒤에서 밀어주는 산세의 위력을 알 것인 데, 고려대학교 자리는 도봉산까지 이어지는 조산과 주산의 힘으로 연세대학과 같이 힘을 받는 자리인 것이다. 이런 자 리는 터가 넓어도 뒤에서 밀어주는 지기가 강하여 넓으면 넓을수록 많은 지기를 받는다. 그래서 날이 갈수록 학교는 발전을 하고 왕 중 왕의 학교가 되어 많은 인물과 인재들을 배출해 내는 것이다.

여기서 잠시 고려대학과 연세대학의 여담하나 하자면, 두 학교는 해마다 고연전이니 연고전이니 하여 우정과 단합의 체육대회를 치룬다. 그런데 이 때 각 학교는 상징물로 신촌 독수리니 안암골 호랑이니 하는 구호를 사용한다, 연세대학 은 주산인 모악산과 청룡백호의 생김이 독수리를 닮아 그렇 게 이름지어진 모양이고, 고려대학은 옛날 안암골에 호랑이 가 자주 나타났다해서 그렇게 부르는 모양이다. 그러나 이 것은 조금 생각해봐야 할 문제로 호랑이와 독수리는 영원한 승자가 없는 앙숙지간이다. 체육대회는 시합이긴 하지만 싸 움으로 신사적 놀이가 아니다.

그래서 학교 중의 제왕에 걸맞는 이름으로 제안을 하자면 연세대는 독수리보다는 봉황이란 이름이 더 좋을 듯하고,

고려대는 청룡이란 이름이 좋을 것 같은데, 두 동물 모두 하늘과 땅을 오가며 천하를 호령하는 동물로 지구상에 사는 동물 중 가장 신사적이고 신격화된 동물이다. 그래서 연세대는 신촌봉황, 고려대는 동쪽에 있으니 안암골 청룡으로 부르는 편이 훨씬 좋을 것이다.

　[龍=봉황, 기린, 거북과 같이 사령신(四靈神)의 하나로 백룡 황룡은 권력의 제왕을 상징하고, 청룡은 잡귀를 물리는 벽사(酸邪)를 뜻하며, 흑룡과 적룡은 대가뭄이나 한발(旱魃)이 들 때 비를 기원하는 기우제의 대상이다. 그리고 흔히 부르는 청룡이란 이름은 東方과 無病의 生氣를 뜻함].
[鳳凰=용, 기린, 거북과 같이 사령신의 하나로 날개[羽蟲]가 있는 동물 중에 제왕이다. 생김은 머리는 닭, 목은 뱀, 턱은 제비, 등은 거북, 꼬리는 물고기, 하늘을 날 때 몸과 날개 빛이 오색찬란함, 오음(五音)의 소리를 내며 수컷은 鳳, 암컷은 凰].

　다음은 서울의 동쪽 용마산 줄기 끝에 있는 구의동과 광장동이다. 용마산은 서울의 외청룡이며 마석의 천마산으로부터 발기하여 끌고 내려와 한강을 앞에 두고 멎었는데, 그 머무는 곳 일대가 광장동과 구의동으로 여기에도 서울의 중심가 못지 않게 발전을 하여 완전히 딴 세상으로 바뀌었다. 필자가 어릴 때 본 구의동과 광장동 일대는 도농복합(都農複合)으로 채소밭과 연탄공장 그리고 군데군데 떨어진 가내공장 섬유공장이 고작이었다. 그러던 곳이 용마산 동쪽 줄기로 주한미군들을 위한 휴양지 워커힐호텔이 들어서더니 끝 줄기 아래로 모토로라와 그 옆으로 국제약품이란 건물도 들어섰다. 당시는 외곽을 찾아 온 공장들인데 우연히 용마 산의 지기를 받는 명당을 찾아왔으며 자리가 좋아 돈들도 많이 벌었다. 지금은 다른 곳으로 옮기고 대신 그 자리엔 대단위 아파트 단지로 변했고, 서편으로 조금 떨어진 곳에 는 동서울터미널과 테크노마트 전자상가 그리고 아파트군들 이 하늘을 찌를 듯 들어서서 토박이가 아니고는 떠났던 사 람들은 다시 찾아오면 어디가 어딘지 분간을 못할 정도로 바뀌었는데 이렇게 급속히 발전하는 데는 모두 용마산의 지 기를 받는 때문이다.

위에서 말한 연세대학교와 고려대학교 그리고 동대문 일 대는 북한산 여기지맥의 지기를 받아 사람이 모이고 발전을 하는 곳이라고 하였다. 그러나 산이라 해서 모두 좋은 자리 만은 아니다. 즉 모악산처럼 생긴 입수산이 중요한데 주산 봉이 악산이거나 흉산 또는 무기력한 산이면 그 지기를 받 는 사람이나 건물이나 모두 망한다.

악산의 생김은 산 끝이 경사가 가파르고 너무 뭉툭하여 아래 있는 집이나 건물 또는 묘를 삼킬 듯한 산, 주봉이 깨 져서 보기에 흉악한 산, 먹이를 노리는 뱀의 주둥이처럼 생 긴 산, 너무 낮아 기가 뭉치지 않는 산 등이 악산이며, 이 런 곳은 지기도 없거니와 있다해도 생기(生氣)가 아닌 살기 (殺氣)의 산이다. 그러니까 생기의 산은 땅으로부터 지기를 받아 무(無)에서 유(有), 소(小)에서 대(大)로 풍요로움을 누리고 살게 하지만, 살기의 산은 사람을 병들거나 죽게 하 고 재물은 흩어지며[人沒財散:인몰재산] 건물은 폐가가 되 는 땅이 된다.

그리고 보통 무해무득한 자리면 명당이라고 하는 사람이 있는데 명당도 아니고 흉당(凶堂)도 아닌 중당(中堂)을 말하는 것으로, 사실 돌아다니다 보면 이런 집과 묘가 의외로 많다. 한 집에서 몇 대를 이으며 살아도 파재(破財), 절손(絶孫) 우환(憂患) 등을 겪지 않고 무병무재(無病無災), 무변(無變)으로 건강하게 살아가는데 집터나 묘를 살펴보면 풍수학적으로 그럴만한 요소를 모두 갖추고 있었다.

참고=집터나 묘터의 지기는 72년이 한 주기이다. 좋은 자리의 경우 왕성한[발복] 시기는 그 쓰는 시기부터 계산을 하여 20년이나 30년이며, 때에 따라서는 40년을 가는 수도 있다. 하지만 극히 드문 자리로 일만 가구 중에 한둘이 있을까 말까 한 자리다.

나쁜 자리의 경우는 위 설명을 반대로 보면 된다.

화금살(火金殺)

필자의 저서인 "좋은 땅 좋은 집터"와 "재미있는 풍수이야기"편에서 화금살(火金殺)의 내용을 읽은 많은 독자들이 전화를 걸어왔다. 화금살이라는 학문을 알게 되어 참으로 고맙다는 것과 그렇게 무서운 것이 있는 줄은 미처 몰랐다는 내용, 그리고 책에서 읽은 대로 각자 살고 있는 길가 네거리나 삼거리에 있는 건물들을 주의 깊게 자세히 살펴보니 모든 것이 그대로 들어맞는다는 내용이었다.

사실이다. 풍수에서 논하는 화금살은 대단히 무서운 것이다. 재론을 않더라도 책에 썼던 건물들을 주의 깊게 보면 그때 건물들은 지금도 계속 화금살을 받고 있다. 특히 서대문에 있는 농협본점이나 서소문의 동아건설, 중앙일보 등은 정권이 바뀌면서 압력에 물러나거나 들어갔다 나오거나 공중분해가 됐다. 참으로 묘한 것은 동아건설의 경우 경영사정이 더 나쁜 죽일 회사들이 있는데도 죽이지 않고 정부가 돈을 대주면서까지 살리고 있으며, 동아는 리비아대수로 공사에서 막대한 외화를 벌어들이는데도 법정관리를 하면서까지도 없애버리고 말았다. 정권이 바뀌면 대기업 한둘쯤은 기본으로 죽이는 것이라 그러려니 하지만 김대중 정권 들어하는 일을 보면 아이러니가 아닐 수 없다.

그런데 망하는 회사와 망하지 않는 회사를 위 설명대로 보면 화금살이 걸리는 회사는 죽었고 걸리지 않는 회사는 나라 돈을 얻어먹으면서까지 살고 있으니 이 화금살이 얼마나 중요한지를 다시 한번 느끼고 실감하게 되는 것이다.

그리고 은행들도 마찬가지로 정면 혹은 옆면에서 화금살을 제일 많이 받는 조흥은행, 제일은행, 서울은행, 그리고 합병을 한 상업은행과 한일은행이다. 이 은행들은 해방 후 김영삼 정권과 김대중 정권 하에 최악의 시련을 겪은 은행들로, 역사상 이런 수치는 없었다.

그런데 여기서 더 주목할 것은 합병을 한 상업은행과 한일은행이다. 두 은행의 본점은 합병을 하기 전 남산 3호터널의 화금살을 받고 있었는데 결국 그 기운을 이겨내지 못해 합병과 함께 오래된 간판을 내리고 역사 속으로 사라졌다. 그리고 한빛은행이라는 새이름으로 바꾸고 터널과 더 가깝고 더 높은 새건물로 옮겼다. 그러나 이 건물도 전에

있던 본점보다 화금살을 더 많이 받는 자리라 이삿짐도 풀
기 전에 대형금융사건이 터져 세간을 흔들다가 행장이하 여
러 사람들이 불명예로 물러났다. 이외 설명을 않지만 얼마
든지 있다.

그리고 여기서 한가지 참고할 것은 지금 한창 세인의 주
목을 끌고 있는 대우그룹이다. 필자는 화금살과 대우 빌딩
을 쓸 때 형국이 소의 먹이통인 구유통형국에 명당이라고
쓰고 무악재의 화금살을 받기는 하나 좌향(坐向)이 달라 주
인이 바뀌거나 비운(悲運), 악운(惡運)까지는 가지 않는다
고 했다. 그런데 회장은 도피 중이고 회사는 큰 곤경에 빠
져 해체 직전에 있으니 그 자리가 무슨 명당이냐고 의문을
품었을 것이다. 그러나 대우본사의 자리가 어떤 자리인지
몰라서 하는 소리다. 이 터는 세도 보통 센 것이 아니라서
회사를 죽여 없애려도 없앨 수 없고 구조조정을 앞세운 집
권자의 욕망일 뿐 정권이 끝나면 대우는 다시 살아나 빛을
본다.

그리고 사실 서울 한복판에서 대우 터만큼 잘 된 자리도
드물다. 대우 입장에서 보면 재수 없는 정권을 만난 데다
시범케이스에 걸려 그렇지 김우중이 누구이고 그 빌딩이 어
떤 자리에 있고 무슨 자리인가! 몇몇 장관도 나왔고 나라
경제를 움직이는 쟁쟁한 브레인들을 배출해낸 자리이다. 집
권자와 위정자들은 백성들이 낸 세금가지고 권력을 휘두르
며 국민들에게 의약분업과 물가로로 고통만 안겨주면 주었
지 전보다 더 나은 삶을 주지는 못했다. 그에 비해 김우중
은 삼십 년 동안 많은 기업을 키워 나라를 부강시키는 한

편, 수백만의 인구를 먹여 살렸다. 지금 대우가 이러하니 대학을 나와도 취직을 못해 아우성인 구직자와 실업자들이 얼마나 많은가? 김우중이야말로 노벨경제학상 감이다.

그리고 대우빌딩 건물 내를 들여다보면 다른 건물과 다른 것이 국내외의 은행을 비롯한 많은 금융회사들이 들어있는 것이다. 우리나라 경제를 쥐락펴락하고도 남을 만큼의 금융회사들인 것이다. 이것이 무엇을 뜻하는가? 강남 강북의 몇몇 대형빌딩들은 은행은커녕 입주자도 못 구해 쩔쩔매고 텅텅 비어 있는데 비해 여기는 돈이 넘쳐흐르는 은행이 건물 좌우 위아래로 가득하니 들어차 있다. 한마디로 돈 창고인

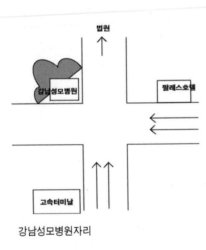

강남성모병원자리

것이다. 태풍을 만난 데다 시운이 다하여 잠시 시련을 겪고 있지만 머지않아 김우중은 돌아오고 역전이 될 것이다.

같은 화금살을 받는 곳이지만 그것을 이용하여 잘 되는 업종도 있으니 다름 아닌 강남성모병원이다. 이 병원은 네거리 길가에 있어 어느 다른 곳보다 많은 화금살(火金殺)을 받는다. 으레 화금살을 받으면 다른 건물들처럼 연속으로 이어지는 고통을 겪어야 하지만 고통은커녕 그런 것은 하나도 없고 운영만 잘되고 있다. 병원이 그렇게 되는 데는 뒤에 있는 주산과 화금살을 이용하는 업종이며, 주산이 그렇게 잘 싸주

면 화금살을 막아주게 된다. 그리고 업종은 칼과 피를 다루는 업종(業種)이라 화금살을 당하기보다는 그것을 이용하여 득을 보고 있는 것이다.

참고=화금살이 닿는 곳에는 병원이나 주유소 정비소 또는 물과 관계되는 업종이 좋으며 은행이나 관청건물은 같은 金이라 극과 극이 마주치면 불꽃이 일기 때문에 4. 5년에 한 번씩 정기적인 비극을 맞는다

패철 5층 설명

패철 5층 설명

　지난번 黃泉 八曜殺과 四層의 坐를 보는 법에 이어 이번
은 五層 설명이다. 五層부터는 너무 어렵고 혼동이 되어 가
장 중도에 포기가 많은 단계이다. 항상 필자가 강조하는 것
은 어느 학문이나 노력과 공을 들이지 않고는 최고가 되질
못한다. 오층을 알면 부수적으로 따라 배우는 학문도 많아
풍수의 결정판인 장택기(葬擇記)는 물론 天氣와 國運은 물
론 個人의 運까지 꿰뚫어 보게 된다. 끝까지 노력을 바란
다.
　설명은 九層짜리 패철을 기준으로 하였으며 아래 五子元
까지는 기본으로 암기를 해야 한다.
　天干＝ 甲 乙 丙 丁 戊 己 庚 辛 壬 癸.
　地支＝ 子 丑 寅 卯 辰 巳 午 未 申 酉 戌 亥.
　六儀＝甲子-戊, 甲戌-己, 甲申-庚, 甲午-辛, 甲辰-壬, 甲寅-癸.

　陽天干= 甲 丙 戊 庚 壬.

　陰天干= 乙 丁 己 辛 癸.

　五子元= 甲子 丙子 戊子 庚子 壬子.

　우선 패철 四層의 二十四坐 중 '壬 子 癸' 坐를 기준으로 해서 아래칸 五층을 보면 시계방향으로 壬坐 아래 왼편으로 陽天干의 甲 丙 戊 庚 壬 순서에 따라 甲子가 있고 子坐 아래 丙子 戊子 庚子가 있으며 왼편 癸坐 아래는 壬子가 있는데 이것이 五子元이며 龍과 節氣를 보는데 사용한다.

　그리고 五子元이 끝나는 壬子다음엔 공란[癸坐下]이 있고 공란 다음으로 陰天干인 乙 丁 己 辛 癸의 乙丑을 시작으로 丁丑 己丑 辛丑 癸丑이 있는데 乙丑은 癸坐下, 丁丑 己丑 辛丑은 丑坐下이며 癸丑은 艮坐下에 있다.

　그러니까 陽天干인 甲 丙 戊 庚 壬에다가 十二支의 첫 글자이며 陽인 子를 붙인 甲子 丙子 戊子 庚子 壬子인 五子元과 陰天干인 乙 丁 己 辛 癸에 十二支의 두번째이며 陰인 丑을 붙인 乙丑 丁丑 己丑 辛丑 癸丑이다.

　다시 艮坐 아래 왼편을 보면 丙寅으로 시작되어 寅坐아래는 戊寅 庚寅 壬寅 甲寅順으로 되어 있다. 陽天干의 甲이 들었던 甲과 乙은 빠져 뒤로가고 다음 글자인 丙寅으로 시작되어 丙寅 戊寅 庚寅 壬寅 그리고 甲寅이다. 이런 순서로 나간다.

　하나 더 설명을 하면 甲坐下와 卯坐下도 마찬가지여서 寅坐下의 丙寅으로 시작된 陽天干이 지났으면 다음은 陰이라 陰天干의 乙 丁 己 辛 癸인데　乙도 한 번 사용되었으므로

卯坐下는 乙이 빠진 丁卯로 시작되어 丁卯 己卯 辛卯 癸卯 그리고 乙卯이다.

이렇게 陽天干과 陰天干이 十二支 글자를 바꿔가며 二十四坐를 一周行하고 끝에가서는 다시 제자리를 찾아오니 戌坐와 亥坐에 와서 陽天干인 甲戌 丙戌 戊戌 庚戌 壬戌과 陰天干인 乙亥 丁亥 己亥 辛亥 癸亥로 돌아왔다.

이것을 좀 더 쉽게 보는 법은 納音이 빠진 六十甲子가 周行을 하는 것이다. 즉 壬坐下에서 시작된 甲子는 癸坐下에 乙丑, 艮坐下 丙寅, 甲坐下 丁卯, 乙坐下 戊辰, 巽坐下 己巳순으로 나가 丙坐下에서는 庚午이고 午坐下에는 子坐의 정 대칭인 甲午이며 계속해서 丁坐下 辛未, 坤坐下 壬申, 庚坐下 癸酉, 辛坐下 甲戌, 乾坐下 乙亥이며 이렇게 一周行을 한 六甲은 다시 子坐칸에서 五子元의 두 번째인 丙子로 시작되어 丑坐下 丁丑, 寅坐下 戊寅순으로 나가 각 坐를 한 번씩 居하며 六十甲子가 모두 사용되고 마지막 癸亥는 壬坐 오른편에서 끝이 난다.

節氣보는법

우리는 보통 二十四節氣를 셀 때 봄이 드는 立春을 시작으로 하여 한겨울이 끝나는 大寒으로 끝을 낸다. 그러나 이것은 春 夏 秋 冬 즉 봄 여름 가을 겨울의 節氣를 보고 세는 기준일뿐 陰陽의 분기점은 立春이 아닌 冬至[陽]와 夏至[陰]이며 이를 더 정확히 보기 위해서는 각 절기마다 열흘씩 上元 中元 下元으로 나누어 보는 七十二節候가 있는데 이를 七十二龍이라고도 한다.

<二十四龍과 節氣의 例>

子龍에 丙子大雪 一局

　　　　戊子冬至 一局

　　　　庚子冬至 七局

癸龍에 壬子冬至 四局

　　　　正癸小寒 二局

　　　　乙丑小寒 八局.

여기서 子龍이니 癸龍이니 하는 것은 패철상의 오층을 龍으로 본 것이고 一局 七局 四局하는 것은 역시 五層의 五子元을 上元 中元 下元으로 풀이를 한 것이다.

다시 패철설명으로 들어가 四層 子坐칸 아래 丙子 戊子 庚子를 보면 正 中央에 戊子가 있다. 이 "戊子"가 二十四節氣와 이를 上中下元局으로 나눈 七十二節侯의 始初로 보는 곳이며 冬至 上元 一局이 시작되는 곳이다. 一局이 되는 것은 九宮數의 바탕수가 一을 따르기도 하지만 낮과 밤의 길이가 바뀌는 날인 冬至와 선천지기[先天地氣]의 물을 보기 때문이기도 하다.

그래서 戊子를 기점으로 하여 庚子 壬子까지는 冬至節氣에 冬至龍이고 옆[癸坐下] 공란다음으로 乙丑 丁丑 己丑 辛丑 癸丑으로 이어지는데 공란을 포함하여 乙丑 丁丑까지는 小寒節氣에 小寒龍이고 己丑 辛丑 癸丑은 大寒節氣 大寒龍이다.

하나 더 보면 艮坐下 정중앙에 공란이 있고 丙寅 戊寅 庚寅 壬寅 甲寅順으로 나가는데 艮坐下 공란을 포함하여 丙寅

戊寅까지는 立春節氣 立春龍이고 庚寅 壬寅 甲寅은 雨水節
氣 雨水龍이 된다.

이렇게 하여 五層 전체를 돌아보면 공란포함하여 七十二
龍이 되고 七十二節侯가 된다.

다음은 二十四節氣를 上中下元으로 나눈 七十二節氣 陰陽
局訣이다.

절후음양국결[節侯陰陽局訣]

<陽 局>
冬至 驚蟄=一七四 小寒=二八五 大寒 春分= 三九六
立春=八五二 雨水=九六三 淸明 立夏=四一七
穀雨 小滿=五二八 芒種=六三九

<陰 局>
夏至 白露=九三六 小暑=八二五 大暑 秋分=七一四
立秋=二五八 處暑=一四七 寒露 立冬=六九三
霜降 小雪=五八二 大雪= 四七一

陰陽局訣을 보면 冬至 驚蟄은 一七四, 小寒 二八五, 大寒
春分 三九六인데 이는 節氣를 五日씩 上中下元으로 나눈 것
으로 冬至龍의 경우 上元一局 中元二局 下元四局 풀이를 한
것이다.

해법은 구궁구성법[九宮九星法]에서 나오는데 아래와 같

다.

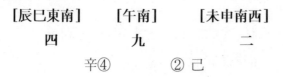

[辰巳東南]	[午南]	[未申南西]
四	九	二
辛④	②己	

[中央]

[卯東] 三 庚③	五	七[酉서]
	壬⑤	

戊①	⑥癸	
八	一	六
[丑寅北東]	[子北]	[戌亥西北]

<陽遁順數例>

* 숫자 一에서 九까지는 九宮의 원바탕이고 방위이며 절대 변하지 않는다.

* 원안의 숫자 ①에서 ⑥까지는 戊 己 庚 辛 壬 癸 六儀이며 符頭이다.

* 符頭와 六儀는 節氣를 따라 九宮數 어디에든 이동한다.

* 節氣의 數를 내는데는 六儀인 戊 己 庚 辛 壬 癸만 붙이고 三奇인 丁 丙 乙은 붙이지 않는다.

* 上元에는 五와 十이 없다.

설명을 하자면 冬至上元一局 中元七局 下元四局의 경우 上元은 一宮에서 六儀가 시작되어 여기에 戊[符頭]를 附하고 순서를 따라 二宮 己, 三宮 庚, 四宮 辛, 중앙인 五宮에

壬, 六宮 癸로 끝난다. 戊 己 庚 辛 壬 癸인 六儀가 한 번 끝나는 것이 上元局이 된다.

다음 中元 七局은 上元의 六宮이 끝난 다음 숫자인 七宮에서 다시 六儀인 戊[符頭]가 시작되어 七宮 戊, 八宮 己, 九宮 庚, 다시 一宮으로 돌아와 辛, 二宮 壬, 三宮 癸하여 中元이다.

下元 四局도 위의 설명과 같으니 中元 三宮이 끝난 다음인 四宮에서 戊가 시작되어 五宮 己, 六宮 庚, 七宮 辛, 八宮 壬, 九宮 癸로 끝나며 여기까지가 冬至節氣 上元一局 中元七局 下元四局이고 龍으로는 子龍과 癸龍이다.

다음 小寒節氣 二 八 五의 설명으로 조금 다르다. 즉 甲子戊符頭가 一局이 아닌 二局에서 시작되는 것이다. 무슨 말이냐 하면 冬至 下元인 四局의 癸가 끝나는 곳이 九宮이면 다음 小寒節氣 上元은 九宮다음인 一宮에서 다시 시작되는 것이 원칙이나 그렇지 않고 一宮을 더 나아가 二宮에서 시작된다. 그래서 二宮에 甲子戊가 시작되어 三宮 己, 四宮 庚, 中央 五宮 辛, 六宮 壬, 七宮 癸로 끝난다.

中元은 八宮에서 시작되니 八宮 戊, 九宮 己, 다시 一宮 庚, 二宮 辛, 三宮 壬, 四宮 癸로 끝난다.

下元은 中央 五宮에서 시작되어 戊, 六宮 己, 七宮 庚, 八宮 辛, 九宮 壬, 一宮 癸로 끝난다.

大寒節氣도 이와 같은 방식으로 수를 내는데 上元이 三局인 것은 小寒節氣 下元의 癸[一宮]가 끝난 다음수에서 一宮 더 나아가 大寒節氣 上元三, 中元九, 下元六이다.

大寒이 끝나고 다음은 立春節氣 上元八 中元五 下元二로

冬至에서 大寒까지는 上元이 一二三 순서로 나갔으나 立春
上元 八이 되는 것은 九宮 기본 바탕[艮] 數가 八이기 때문
에 上元 八局이다.

그래서 立春 上 中 下 三元은 八五二로 나가고 다음 雨水
와 驚蟄 上元은 冬至 小寒 大寒 上元의 一二三처럼 한 궁씩
더 나가니 雨水上元 九, 驚蟄上元은 十이 아닌 一이다. 九
宮數에 十이란 수는 없기 때문이다.

이렇게 해서 春分上元 三局도 正東 卯方의 기본 바탕수
三[辛卯]을 따라 上元三 中元九 下元六이고 淸明上元 四局,
穀雨上元五局이며 立夏上元四局[巽坐下공란正巽]과 小滿 芒
種도 같은 이치다.

다음 夏至부터는 逆順이라 다르다. 즉 冬至부터 二十四節
氣의 반인 芒種까지는 陽이라 順으로 돌았지만 夏至부터 大
雪까지는 陰이라 逆으로 돈다. [아래 도표참조]

<陰遁 逆數例>

夏至 上元九 中元三 下元六局의 例.

夏至 上元九는 바탕수가 九라 여기에 甲子戊를 附하여 逆으로 나가면 八宮에 己 七宮에 庚 六宮에 辛 中宮에 壬, 그리고 四宮에 癸로 끝나며 中元은 三宮에 戊 二宮에 己 一宮에 庚, 다시 九宮에 辛, 八宮에 壬, 七宮에 癸, 이렇게 하여 中元이 끝난다.

下元 역시 六宮에서 逆으로 시작하여 위 방법대로 나가면 된다.

참고로 二十四坐中 子坐를 기준으로 보면 五子元과 十二支 五龍이 끝난 다음엔 꼭 공란이 하나씩 있다. 정확히는 甲 乙 丙 丁 庚 辛 壬 癸坐下와 乾 坤 艮 巽坐下인데 坐에 正자를 붙여 癸坐下 공란은 正癸, 艮坐下는 正艮, 甲坐下는 正甲 이런 순으로 되어 있으며 여기도 각 節氣 上元이 드는 곳이다. 그러니까 冬至 다음 小寒 上元은 공란에서 시작되며 艮坐下는 立春 上元이 든다. 나머지 공란도 순서대로 마찬가지이며 모르는 부분은 표를 참고 바란다.

<陰陽局訣 速知法>

지금까지는 각 節氣 上 中 下元 陰陽局訣 풀이를 하는 법이고 다음은 이것을 빨리 아는 速知法이다. 속지법을 알면 적어가지고 다니지 않아도 되며 산에가서 運을 낼 때도 아주 편리하다.

다만 이것을 알기 위해서는 항상 九宮數 본바탕을 머리에 두고 冬至[子.北]를 기준으로 東 西 南 北과 艮 巽 坤 乾

八方位에 九宮 바탕數 上元이 되는 첫절기를 앞으로 하여 三節氣씩 한 묶음으로 암기를 하여야 한다.

例=冬至[屬子坐 一宮] 小寒上元二　大寒上元三 [上元數 連續一二三].

立春[屬艮坐 八宮] 雨水上元九　立春上元一 [上元數連 續八九一].

春分[屬卯坐 三宮] 淸明上元四　穀雨上元五 [上元數連 續三四五].

立夏[屬巽坐 四宮] 小滿上元五　芒種上元六 [上元數連 續四五六].

　　-이상 陽順 -

夏至[屬午坐 九宮] 小暑上元八　大暑上元七 [上元後連 九八七].

立秋[屬坤坐 二宮] 處暑上元一　白露上元九 [上元後連 二一九].

秋分[屬酉坐 七宮] 寒露上元六　霜降上元五 [上元後連 七六五].

立冬[屬乾坐 六宮] 小雪上元五　大雪上元四 [上元後連 六五四].

　　---이상 陰逆---

이상이 二十四節氣와 上元의 數로 九宮의 바탕수와 같다.[上元에 五와 十은 없음]

速知法은 二十四節氣는 패철상에서 二十四坐와 같이 도는

데 예를 들어 戊子冬至龍 上元 一局을 기준으로 할 때 冬至
다음인 小寒 大寒의 上元 數는 一宮씩 더 나가 二와 三이
다. 다시말해 冬至上元이 一局이면 小寒上元은 二局 大寒上
元은 三局이다. 그리고 中元과 下元은 三宮씩 뒤로 後進을
한다.

예를 들어 冬至 中元七局 下元四局의 경우 中元 七局은
上元一局에서 뒤로 三宮 後進을 하면 九宮 八宮 七宮順으로
가 七局이 되고 下元四局도 마찬가지로 七宮에서 三後進을
하면 六 五 四가 되어 冬至下元 四局이 된다.

하나 더 보자면 立春 雨水 驚蟄의 경우 立春上元은 八局
이다. 上元은 한 宮씩 더 나가니 雨水上元九, 驚蟄上元 一
이다. 그리고 中元 下元의 경우 위 설명대로 三宮後進을 하
면 된다.

이상은 冬至부터 芒種까지 陽遁[양둔] 설명이고 다음은
夏至부터 大雪까지 陰遁[음둔]의 설명이다.

지금까지 陽인 冬至부터 芒種까지 上元數는 一宮씩 前進
하고 中元 下元은 三宮씩 後進을 하였으나 陰遁인 夏至부터
大雪까지는 반대로 上元은 一宮 後進하고 中元 下元은 三宮
前進 한다.

예를 들어 夏至 小暑 大暑를 보면 夏至는 바탕수가 九라
上元 九가 되고 小暑 大暑는 一宮씩 後進을 하니 小暑上元
八, 大暑 上元七로 夏至上元九에서 一宮씩 後進함을 알수있
다.

그리고 中元 下元도 마찬가지로 夏至 中元의 경우 上元
九에서 三宮前進을 하면 一二宮을 거처 三宮에 中元이 되고

여기서 다시 三前進을 하면 四五宮을 지나 六宮에 着하므로 下元六宮이다.

小暑도 같아 小暑上元은 八局이라 八宮에서 三前進을 하면 二宮에 着하여 中元 二局이고 여기서 다시 三宮前進하면 中宮五에 着하므로 下元 五局이 된다.

나머지도 모두 이렇게 돌아가는데 만일 생각이 안 날 경우는 東西南北이나 艮巽坤乾을 생각하여 各宮의 바탕수를 찾고 다시 여기서 春夏秋冬의 첫 節氣만 생각하면 쉽게 풀린다.

例=冬至는 子方, 子方九宮數는 一, 冬至上元은 一이라 생각 날 것이고,

立春은 艮方에 바탕宮數는 八, 立春上元은 八이 된다.

夏至는 午方의 바탕宮數 九를 생각하면 금방 夏至 上元은 九란 것이 떠오를 것이다.

이렇듯 언제나 冬至부터 芒種까지 陽遁은 一進三退[上元一進 中下元三退], 陰遁은 一退三進[上元一退中下元三進]을 생각하면 쉽게 찾을 수 있다.

이상이 패철 오층 설명으로 龍의 들어옴과 節氣의 흐름만 알아도 대단한 수확을 얻게 되는데 우리 선인들이 만든 利器中의 利器 패철이 이처럼 재미있고 중요하다.

그리고 이런 것들을 알아야만 패철을 볼 수 있고 산에 가서 산의 흐름을 보아 龍[산세]이 무슨 龍 무슨 천산[穿山]으로 어떻게 들어왔나를 보아 運을 내어 자리도 잡고 葬擇

記도 쓸 수 있는 등 범위는 다양하며 정확하기가 놀랄 정도
다.

참고로 六儀 三奇의 원문을 적는다.

= 六 儀 =

甲子 戊儀 = 主田土 若戊方有山水 兼得吉門則吉

甲戌 己儀 = 主山川 若己方有山水則 多得 名地名穴 無則
　　　　　忌

甲申 庚儀 = 主白虎凶神 庚方有凶砂凶岩則 必有病虎之患
　　　　　或殤死

甲午 辛儀 = 主文章 合丙奇 臨吉門 有奇砂奇峰卽 出文章

甲辰 壬儀 = 主水患 若犯凶門 兼山水高大則 以水破也

甲寅 癸儀 = 主江河 犯凶門 兼有山水高大則 子孫溺死

= 三 奇 =

乙奇 = 日精 得吉門有奇秀峰水則 必近君之貴

丙奇 = 月精 兼得吉門有奇峰美砂則 壽考文科 必生王妃

丁奇 = 星精 吉門有奇砂有照峰 壽考多文科

符頭[甲] = 符頭有峰巒則 出巨富科甲

≪節氣基本例≫

巽	离	坤
芒種五月	大暑六月	白露八月
小滿四月	小暑六月	處暑七月

立夏四月	夏至五月	立秋七月
四	九	二
震		兌
春分二月　三	五　七	秋分八月
清明三月		寒露九月
穀雨三月		霜降九月
八	一	六
艮	坎	乾
立春一月	冬至十一月	立冬十月
雨水一月	小寒十二月	小雪十月
驚蟄二月	大寒十二月	大雪十一月

≪二十四龍과 節侯≫

子龍	卯龍	午龍	酉龍
丙子大雪一	己卯驚蟄四	壬午芒種九	乙酉白露六
戊子冬至一	辛卯春分三	甲午夏至九	丁酉秋分七
庚子冬至七	癸卯春分九	丙午夏至三	己酉秋分一

癸龍	乙龍	丁龍	辛龍
壬子冬至四	乙卯春分六	戊午夏至六	辛酉秋分四
正癸小寒二	正乙淸明四	正丁小暑八	正辛寒露六
乙丑小寒八	戊辰淸明一	辛未小暑二	甲戌寒露九

丑龍	辰龍	未龍	戌龍
丁丑小寒五	庚辰淸明七	癸未小暑五	丙戌寒露三
己丑大寒三	壬辰穀雨五	乙未大暑七	戊戌霜降五
辛丑大寒九	甲辰穀雨二	丁未大暑一	庚戌霜降八

艮龍	巽龍	坤龍	乾龍
癸丑大寒六	丙辰穀雨八	己未大暑四	壬戌霜降二
正艮立春八	正巽立夏四	正坤立秋二	正乾立冬六
丙寅立春五	己巳立夏一	壬申立秋五	乙亥立冬九

寅龍	巳龍	申龍	亥龍
戊寅立春二	辛巳立夏七	甲申立秋八	丁亥立冬三
庚寅雨水九	癸巳小滿五	丙申處暑一	己亥小雪五
壬寅雨水六	乙巳小滿二	戊申處暑四	辛亥小雪八

甲龍	丙龍	庚龍	任龍
甲寅雨水三	丁巳小滿八	庚申處暑七	癸亥小雪二
正申驚蟄一	正丙芒種六	正庚白露九	正壬大雪四
丁卯驚蟄七	庚午芒種三	癸酉白露三	甲子大雪七

신 풍수 답사기

2018년 5월 20일 인쇄
2018년 5월 25일 발행

지은이 | 김 광 제
펴낸이 | 김 용 성
펴낸곳 | 지성문화사
등 록 | 제5-14호(1976.10.21)
주 소 | 서울 동대문구 신설동 117-8 예일빌딩
전 화 | 02)2236-0654
팩 스 | 02)2236-0655 , 2236-2953

정가 16,000원